丁永培 에세이集

香氣 그윽한 人生暮年

持己秋霜 待人春風
(지기추상 대인춘풍)

자기에게는 가을의 서릿발처럼 차고 엄하게 대하고
다른 사람에게는 봄바람처럼 따뜻하고 부드럽게 대하라

전남대학교출판부

서언

그간 10여 권의 책을 냈다. 그 중 몇 권은 문화체육관광부에서 양서(良書)로 선정되어 전국 각 도서관에 배포되어 있다. 그래서 그런지 내 독자도 꽤 많고, 그들로부터 책을 읽은 후감(後感)을 보내오기도 한다. 모두가 한결 같이 감독(甘讀)했노라고 하고, 어떤 분은 듣기에 민망할 정도의 극찬(極讚)을 보내오기도 한다.

내 글 속에는 한문 글귀가 꽤 많이 들어 있어서 읽기가 좀 힘들지만, 되레 그것이 더 좋다고 하는 분들도 있다. 그간 소홀히 했던 한문 공부를 다시 하는 계기가 되었노라고도 하고, 또 어떤 분은 어려운 글귀는 그냥 넘기지 않고 사전을 들추어가며 읽게 되었노라고도 했다.

그런데 이번에는 그 한문 글귀를 풀이하여 에세이로 쓰는, 그야말로 참 이상한 글을 쓰게 되었다. 아무리 생각해봐도 이런 류(類)의 에세이를 쓴 사람은 없는 것 같다. 그래서 내 자신이 남다르게 이상한 사람이 된 것 같은 느낌이 들기도 한다.

이런 이상한 에세이를 쓰게 된 동기는, 평소 독자들로부터의 요청이 계속해서 있었기 때문이다. 이를 물리치지 못하고 이번에 처음으로 시도하게 되었다. 사람이 자기의 분수를 저버리고 무엇인가를 잘 해보려고 하다가 실수를 범하는 경우가 많다.(欲巧反拙) 혹시 내가 그런 것은 아닌지 걱정이 되기도 한다. 그러나 독자들이 싫어하지만 않는다면 이런 류의 책을 몇 권 더 쓰고 싶지만 처음 시도하는 일이라 두려움이 일기도 한다.

미국의 브리감 영 대학교에 '비교 종교학'을 강의하는 최 동설 교수님이 계신다. 그 많은 교수들 중에 유일한 한국인 교수로 세계적인 석학이시다. 내가 그 대학에서 잠시 체재할 때 알고 지냈던 분으로, 참 박학 다식(博學多識)하고 다정 다감한 분이시다. 나를 만날 때마다 자기 집에 가서 밥을 먹자고 했지만, 내가 미련하게 고집을 부리는 바람에 한 번도 밥은 얻어먹지 못했다.

작년(2012년) 여름에 미국에 갈 일이 생겨 그분에게 몇 차례 전화를 걸었지만 계속 부재중이었다. 그래서 하는 수 없이 가지고 갔던 책을 그곳 지인에게 맡기고 왔다. 그랬더니 오랜 후에야 그분에게 전달되어 읽게 되었노라고 했다. 그분이 그 책을 읽고 나서 나에게 보내온 서신의 일부를 여기에 소개한다.

"2주간 서울에 머물다가 오늘(2013년 1월 4일) 학교에 돌아와 보니, '바르게 산 자들이 누리는 행복'이라는 책을 받았습니다. 너무나도 훌륭하고 페이지마다 담겨 있는 귀중한 인생 체험과 교훈을 기똥차게 잘 쓰셔서, 장시간의 여독에도 불구하고 그 다음 날 하루 동안에 다 읽었습니다. 제 나이가 75세인데 하루 동안에 책 한 권을 다 읽고 깊은 감명을 받기는 평생 처음이라는 사실을 고백합니다. Nobel 문학상 수상자들을 뺨치는 그야말로 표현할 수 없이 훌륭하게 잘 쓰신 책입니다. 대단하십니다. …중략… 그래도 늦게나마 이 책을 읽게 되었으니, 천만 다행이고 다시 한 번 머리 숙여 존경하는 세계 명저의 저자이신 정 교수님에게 심심한 경의와 찬사를 보냅니다…….”

지금까지 많은 칭찬을 받았지만 이런 칭찬은 처음이고, 칭찬 중에서도 극찬(極讚)에 속하는 칭찬이다. 과찬(過讚) 정도는 견딜만하지만 이렇게 극찬을 해오면 몸 둘 바를 몰라 당황한다. 이런 극찬은 잘못하면 사람을 타락시킨다. 이럴 때일수록 경계해야 하는데도, 그러지 못하고 오만에 빠지면 그 후에는 글 다운 글을 쓰지 못한다. 설령 쓴다 해도 그런 글은 진실성이 결여되어 잘 읽히지 않는다. 최 교수님께서 지금껏 내가 쓴 책을 다 읽고 싶다고 하셨지만, 아직 보내드리지 못했다. 이 일이 끝나는 대로 꼭 보내드려야겠다.

책을 내는 것은 자기 표현의 행위이고, 자기가 낸 책을 자랑하는 것은 더 적극적인 자기 표현의 행위에 속한다. 최 교수님의 독후감을 독자 제현에게 내놓는 것도, 기실(其實)은 내 자신을 자랑하는 것이어서 부끄럽기 그지없다. 그분의 글이 아무리 진실하다고는 해도, 나를 Nobel 문학상 수상자들의 반열에 올려놓는 것은 천부당 만부당한 일이다. 그 분이 그 수상자들을 비하(卑下)한 것은 결코 아니고, 남들보다는 내 글을 훨씬 더 감명 깊게 읽었기 때문일 것이다.

× ×

아무리 잘 살아도 인생은 힘든 여정(旅程)이다. 우리가 누리는 행복의 시간은 그렇게 길지 않고 잠시 왔다가 간다. 그렇게 잠시 왔다 가는 행복은 그때그때의 틈새를 메워주어 우리를 지치지 않게 한다. 그렇게 누린 행복도 지내놓고 보면 이제는 무심한 가운데 잊혀지는 한 추억이 된다.

이 세상에는 나이는 많아도 젊게 살아가는 사람들이 많다. 그러고 보면 인간은 단순히 연령과 더불어 늙는 것은 아니다. 사람이 늙었다 함은 마음이 늙었기 때문이요, 하는 일에 의욕과 흥미를 잃고 살아가기 때문이다.

일생 일사(一生一死)는 만고의 진리이고 지금까지 잘 산 것에 감사해야 한다. 조금만 더 살다가게 해달라고 애원해 봤자 아무 소용이 없다. 인간은 조금 더 살고 조금 덜 살다 갈뿐이다. 갈 때가 되면 추태부리지 말고 갈 준비를 해야 한다.

늙지 않으려 발버둥을 쳐도 소용이 없고, 흐르는 것은 그냥 흐르게 놔둬야 한다. 이 흐름에 저항하는 것은 자연의 순리에 저항하는 것이 된다.

늙되 우아하게 늙고, 그윽한 향기를 풍기며 늙어야 한다. 인생의 마지막은 훈향(薰香)이 은은히 흐르는 안식과 평화의 시간이어야 한다. 찌그러진 심벌의 파열음(破裂音)이 들려서는 안된다.

만족하며 살면 빈천(貧賤)에도 기쁨이지만, 만족하지 못하고 살면 부귀(富貴) 또한 근심이라고 하였다. 탐욕의 불에 사로잡히면 헤어나기 어렵고 그 불은 점점 더 커져서 나를 태우는 불꽃이 된다. 얻고 잃음에 너무 집착하지 말고, 잃은 것을 베풀었다 생각하면 시은(施恩)이 크다 할 것이다.

뭐니 뭐니 해도 마음 단단히 먹고 바르게 사는 것이 으뜸인 것이니, 부질없는 세상의 근심이나 번뇌에 매이지 않아야 한다. 그런 것에 잘못 매이면 뜻은 있어도 길은 점점 더 멀어진다.

세상의 일체는 마음 짓는 바에 따라 달라지는 것인 즉, 마음을 바르게 세워 살고, 늙는 것을 탄(歎)만 하며 살면 있는 힘도 빠져 더욱 힘들어진다.

현재보다 더 소중한 시간은 없다. 내일의 천자(天子)보다 오늘의 재상(宰相)이 더 낫다 하였다. 현재의 시간을 잃으면 모든 시간을 잃는다. 과거의 행적을 알고자 하면, 그 사람이 현재 하고 있는 일을 보면 알고, 그 사람의 미래를 알고자 해도 그 사람이 지금 하고 있는 일을 보면 안다 하였다. 불로 장춘(不老長春)의 기세로 현재를 살면, 저녁노을은 더 붉고 아름답게 탈 것이다.

인생 모년의 향기는 그윽해서 애써 맡으려 하면 맡아지지 않아도, 무심한 가운데에 은은히 풍겨와 우리를 취하게 한다. 꽃의 향기는 바람을 거슬러 흐르지 못하지만, 노년의 향기는 큰 바람도 거슬러 흘러 멀리에까지 이른다.

선화(仙化)라는 말이 있다. 신선이 되어 건강하게 산다는 뜻으로, 노인이 병 없이 살다 가면 선화했다고 한다. 몸이 아프면 만인지상(萬人之上)의 자리가 무슨 소용이 있으며, 부귀 영화가 무슨 소용이 있겠는가. 건강은 땀의 소산(所産)이라 하였는 즉, 땀 흘리지 않는 자에게 건강의 은전(恩典)은 없다. 갈 때 가는 것이야 만인이 가는 길이지만, 가는 날까지는 건강하게 살다 가야 한다.

너무 잘난 체 하지 말고 아는 것도 조금은 모르는 체 하고, 아랫사람의 잘못에 관용하고, 윗사람으로서 부끄럼 없이 살다 가야 한다. 인간 관계는 가까운 사람들 간의 관계다. 이 세상에서 가장 가까운 사람은 아내요, 자식들이다. 아내에게 잘하고 자식들에게 잘하면 힘든 말년도 외롭지 않게 살 수 있을 것이다.

옳은 것이 아니거든 행하지 말고, 바른 말이 아니거든 말하지 마라. 행하는 일에 어른의 품위를 세워서 행하고, 시도 때도 없이 지껄이면 분별력이 없다 하여 모두가 돌아선다.

이 책을 읽되 끝까지 의미를 새겨서 잘 읽고, 어렵다 하여 주마 간산(走馬看山)하는 식으로 읽으면 안된다. 어려운 글귀는 사전을 찾아서 읽고, 그 뜻을 헤아려 읽으면 세상사는 의미가 더하여 질 것이다. 아무리 어려운 글귀도 백 번을 읽으면 그 뜻이 살아난다 하였다.(讀書百篇意自見) 그냥 한 번 읽은 것만으로 책을 다 읽었다 하지마라. 마음이 맑으면 뜻이 높아지는 것이니(淸心高志), 책을 통해 마음 단련의 길을 찾아 살면 더 따사로운 황혼녘이 될 것이다.

내 무슨 큰 공명을 바라고 이런 글을 쓴 것은 아니다. 이 글 속에 내재된 옛 선인들의 생활과 사상을 공유하고자 한 것뿐이다. 마음을 단련하는 데에는 오랜 시간이 걸리겠지만, 쉽게 행하여 얻은 일 중에 사랑받는 일은 거의 없다. 어설프기 그지없는 글들이지만 이 글을 쓰는 동안 참 행복했다.

이 책을 내는 데에 전남대학교 정 숙현 선생, 김 해늘새롬과 그의 부모 김 창권 형제, 박 은경 자매 그리고 안 명자 내자에게 깊은 감사의 념을 표한다.

제4부 이 세상은 아름답고 살기 좋은 곳

제5부 구십춘광(九十春光)

제1부

아쉬움을 남기고 세월은 흐른다

懲忿 窒慾

(징 분 질 욕)

분함을 꾸짖고 욕심을 억제하라

아쉬움을 남기고 세월은 흐른다

뒤돌아보니 참 먼 길을 왔다. 그러나 그 긴 세월도 일순으로 흘러가 버린 것 같다. 그간 많은 일을 하며 살았지만 별로 내놓을 만한 것은 없다. 머릿속에 떠오르는 것은 그저 아쉬움뿐이다. 그간 많은 어려움이 있었는데도 길을 잃지 않고 살았으니 참 다행 대복(多幸大福)이 아닐 수 없다.

고희(古稀)에 책을 내기도 어려운데, 고희에서 강산이 변하는 나이에 책을 냈으니 참 놀라운 일이다. 그러나 다른 사람들에 비하면 겨우 아쉬움을 면한 셈이다. 글 쓰는 일에 평생을 몰두하며 산 것도 아니고, 간간이 틈을 내서 쓴 것이 10여 권이나 된다. 글이 글 같지 않은 것 같아 아쉬움이 크다. 늙은이의 망령이라 비웃을 것이지만, 하늘이 정해준 길이라 생각하고 거역하지 않고 열심히 썼다.

세상이 어찌나 좋아졌는지 80세는 하수(下壽)이고, 100세는 중수(中壽)이고, 120세는 상수(上壽)라 하였다. 80세에 책을 내는 일이 어렵기는 해도, 할 수 있다고 생각하면 할 수 있는 일이다. 앞으로 더 힘을 내어 살면 더 찬란한 인생 모년(暮年)이 될 것이다.

앞으로 힘을 잘 가다듬어 사는 데까지 살기로 한 이상, 늙기 싫다고 궁색한 소리 같은 건 하지 않기로 했다. 내 원래 책을 벗하여 살았으니 망정이지, 벼슬에나 뜻을 두고 살았더라면 세상의 탁류(濁流)에 휩쓸려 헤어나지 못했을 것이다. 아직 귀는 잘 들리고 눈도 침침하지 않으니, 머리에 난 백발쯤이야 여사(餘事)가 아니겠는가.

앞으로 상수까지는 40성상이 남아 있지만, 인간의 몸으로 어떻게 그렇게 오래 살 수 있겠는가. 앞으로 불혹(不惑)의 나이를 더 산다고 큰 소리로 기함(氣陷)을 쳐도 인생은 한 낱의 수포(水泡)에 지나지 않는다. 사람으로 태어나 나비처럼 잠시 퍼덕이며 살다가 힘이 부치면 가는 것이 인생이다.

하루하루가 이어져 한 해가 되고, 한 해가 이어져 인생이 된다. 인생을 살되, 다 알고 사는 사람은 없다. 어떻게 사는가를 배우는 데는 전 생애를 통해 배워도 다 못 배우고 간다. 사는 법을 가장 잘 아는 자는 뭐니 뭐니 해도 괴로움과 싸워 이기는 자다. 재미있기만을 바라는 자는 가장 재미없이 살고, 어려움 없이 살기를 바라는 자는 더 큰 어려움을 만나 살게 된다. 어려움은 늘 전진하는 자의 것이니, 어려움과 벗하여 살기를 배울 일이다.

글은 몸과 마음이 합하여 쓰이는 조화의 산물이다. 많이 읽고 많이 생각하고 적게 쓰라 하였거니와, 많이 읽고 많이 생각하지 않고 내놓는 글은 산월(産月)이 못 차서 나온 미숙아(未熟兒)와도 같다.

글쓰기가 얼마나 힘든 것인지는 써보지 않은 사람은 모른다. 거의 산고(産苦)에 가까운 고통을 겪으며 쓴다. 다시는 이 일을 하지 않으려 했다가도 다시 남편의 품 안에 기어들어 옥동자 만드는 일에 참여한다. 하룻밤의 짭짤한 천국행(天國行)을 버리지 못한 것이 만삭(滿朔)까지의 숱한 고통과 생명을 거는 산고를 치러야 한다.(未詳) 그렇게 해서 내놓은 글이 독자들의 입맛에 맞으면 몰라도 그렇지 않으면 가차 없는 독설(毒舌)의 세례(洗禮)를 받는다.

아무리 그래도 인생은 행(行)하여 즐기는 자의 것이다. 아무리 좋은 것도 행하여 즐기지 않으면 아무 소용이 없다. 장을 담가 놓으면 구더기가 끼기 마련이지만 아무리 그래도 장은 담가야 한다. 좋은 교육이란 후회를 가르치는 것이라 하였거니와, 후회가 두렵다 하여 아무 일도 하지 않으면 편하여 좋을 것이다. 편한 것만을 즐기다간 아무 일도 하지 못하는 반편이(半偏)가 된다.

글 쓰는 시간은 나에게는 참 행복한 시간이었다. 체력이 예 같지 않아서 그렇지, 그것만을 제외한다면 이보다 더 좋은 시간은 없다. 죽는 날까지 이 일을 하고 싶지만, 앞날의 일이야 누가 알겠는가. 좋은 글이 안 나오면 그 다음의 글을 쓰면 된다. 쉬지 않고 할 수 있는 일이 있다는 게 얼마나 행복한지 모른다. 나 하고 싶은 일을 하며 사니 힘들어도 그지없이 행복하다.

세월은 아무리 흘러도 끝이 없고, 세상의 소요(騷擾)나 인간의 애환(哀歡) 같은 것은 아랑곳하지 않는다. 봄이 와도 아랑곳 하지 않고, 가을에 낙엽이 져도 아랑곳하지 않는다. 벌 나비들이 날아들어 춤을 춰도 아무 말이 없고, 살기 힘들다고 아우성을 쳐도 그냥 흐르기만 한다. 이 세상에 세월처럼 무정한 것은 없다. 그저 아무 말 없이 영원히 흐를 뿐이다.

세월은 가도 아쉬움은 남아 흐른다. 미워하면 미움이 남아 나를 괴롭히고, 원망하면 원망이 남아 나를 괴롭힌다. 악하면 악으로 보상을 받고, 선하면 선으로 보상 받는다. 세월의 무정함은 탓해도 아무 소용이 없고, 그저 인간의 도리를 다하며 사는 일이 가장 잘하는 일이다.

탐욕은 근심이요 두려움이다. 탐욕에서 근심이 생기고 두려움이 생긴다. 탐욕이 없으면 근심도 없고 두려움도 없다. 마음 편히 사는 법이 따로 있는 것이 아니다. 미움과 탐욕을 내려놓으면 된다. 탈 없이 살고자 하면 물처럼 구름처럼 흐르기를 배워야 한다. 물은 막힌 곳이 없이 흐르고 막히면 넘쳐흐른다. 구름 또한 막힌 곳이 없이 흐르지만 막히면 감돌아 흐른다.

사람이 하는 일이 뜻한 대로 다 잘되는 것은 아니다. 해놓고 나서야 더 잘했더라면 하는 아쉬움이 생긴다. 좀 더 잘했더라면 이미 떠난 가족에게도 지금의 회한(悔恨)은 없을 것이고, 친구들과도 옛 교분을 유지하며 살 것이다.

영감을 주는 강의는 한 번도 하지 못하고 강의실을 떠났고, 사람 한 번 도와주지 못하고 나 사는 일에만 급급하며 살았다. 불의(不義) 앞에 분연(忿然)히 일어서야 하는데도 용기가 없어서 못했다.

적합하지 않는 자는 죽는다 하거니와 죽는 일은 꼭 늙은 자만의 것이 아니다. 살아 있으되 적합하지 않은 자는 죽고, 젊었다 해도 살 힘을 잃으면 죽는다. 지금껏 잘못 산 것이 아쉬워 옛 글귀에 숨은 뜻을 이 책에서 풀이하여 내놓게 되었다. 옛것이라 하여 버리지 말고, 옛것 속에 숨겨져 있는 새로운 것을 귀감(龜鑑)삼아 살면 생활에 활력을 얻어 살 것이다.

01 작은 말 한 마디가 남의 급소를 찌른다
촌철 살인(寸鐵殺人)

한 국어사전을 들추어봤더니, "촌철 살인이란 짤막한 경귀(驚句)로써 사람의 마음을 찔러 감동시키는 말이다."라고 쓰여 있고, 또 다른 큰 사전에서는, "조그마한 무기로도 사람을 죽일 수 있고, 또 간단한 말로도 남의 급소나 약점을 찌를 수 있는 비유적 표현이다."라고 쓰여 있었다.

촌철(寸鐵)이란 작은 쇳조각을 말하고 살인(殺人)이란 사람을 죽이는 것을 말한다. 작은 말 한마디가 사람을 죽일 수도 있고, 또 감동을 주어 그 사람을 새로운 사람으로 거듭나게 할 수도 있다.

한 차례의 짧은 경귀를 듣고 새 사람으로 거듭나서 살고 있는 사람이 우리 주변에 많다. 부모나 스승의 말 한마디로 게으른 아들이 부지런한 아들이 되고, 취생 몽사(醉生夢死)로 세월을 탕진하던 사람들이 마음을 바로잡아 바르게 사는 사람들도 많다. 평소 학업에 등한하던 학생이 경귀 한 마디로 정신을 차려 학업에 정진(精進)하여 대성(大成)을 거둔 경우도 많다.

내 연로(年老)한지라 건강에는 누구보다도 관심이 많다. "건강은 땀의 소산(所産)이다. 땀을 흘리지 않고서는 결코 건강할 수가 없다."는 말을 어느 모임에서 인사말로 한 적이 있다. 짧은 말이지만 대단히 힘이 있고 정곡(正鵠)을 찌르는 말이다. 운동하기 좋아하는 사람은 이 세상에 아무도 없지만, 그러나 꼭 해야 하는 것이 운동이고, 운동을 하지 않으면 요절(夭折)의 비운(悲運)을 겪는다.

"나는 젊었을 때 운동선수였으니까 늙어서는 운동을 안 해도 된다." "나는 에베레스트산의 등반을 마치고 어제 돌아왔으니 앞으로 몇 달간은 운동을 안 해도 된다."고 생각하기가 쉽다. 건강은 꾸준히 땀을 흘리는 자의 것이고, 땀을 흘리는 자만이 그 보응(報應)을 얻어 산다.

예부터 소식 다동(小食多動)이나 소승 다보(小乘多步)를 생활의 본으로 삼으라 하였다. 이런 말들은 평소 금과 옥조(金科玉條)로 삼아 살아야 할 말들이다. 언젠가 내 책에다 "움직이는 자는 살고 드러누워 있으면 죽는다."라고 썼다. 내가 아는 분 중에 김 선호 교수라는 분이 계신다. 전화를 걸면 먼저 이 말부터 뇌이고 다음 말을 잇는다. 이 말을 금옥(金玉)처럼 소중히 여기며 사시는지라 지금껏 건강을 유지하며 살고 계신다. 건강한 사람들은, 이런 촌철에 무심하지 않고 열심히 실천하며 사는 사람들이다.

이 세상에 땀 흘리지 않고 이루어지는 일은 없다. 그러나 건강에는 더 많은 땀을 흘려야 하고, 말년 건강을 위해서는 더욱더 많은 땀을 흘려야 한다. "다식(多食)과 건강은 동행하지 않는다." "삼정승(三政丞) 부러워 말고 내 몸 튼튼히 하라." "예방의 1온스는 치료의 1파운드에 맞먹는다."는 등 참 좋은 경귀들이 많다.

건강은 몸만의 문제가 아니고 마음의 문제가 더 크다. 마음이 무너지면 몸 또한 무너진다. 마음속에 움트는 나쁜 정념(情念)을 경계해야 한다. 작은 이익을 위하여 건강이 희생되는 일이 있어서는 안된다.

"암은 사랑받지 못한 세포의 반란이다."라는 말이 있다. 줄담배 피우기를 일삼으면 몸의 모든 세포가 견디어내지 못한다. 독한 술이나, 마약 같은 것이 몸속으로 계속 들어오면 몸의 세포는 견디어내지 못하고 반란을 일으킨다.

언젠가 내가 이런 인사말을 한 적이 있다. 다른 말들은 이미 잊은지 오래고, 다음 말만이 기억에 역연히 남아 있다.

"인생 말년은 축복이 아니고 고통이다. 인간 관계는 가까운 사람들간의 관계다. 이 세상에서 가장 가까운 사람은 아내요 자식들이다. 아내에게 잘하고 자식들에게 잘해야 한다. 말년에 마음이 편하면 힘든 말년도 살만한 말년이 된다. 옛말에 부부 유별(夫婦有別)하고 부자유친(父子有親)하라 했다. 아내는 나와 독립된 인격체이니 서로 사랑하고 존중하며 살아야 한다. 아내는 나를 위해서 들어온 사람이니 함부로 부려 먹어도 된다는 생각을 하면 큰일이 일어난다. 요즘 같은 모진 세상에 그런 영감하고 같이 살 여인은 아무도 없기 때문이다. 잘못하다간 밥도 못 얻어먹고 쪽박을 차는 신세가 된다. 쓰라린 눈물을 흘리지 않으려거든 평소 잘해야 한다."

"여자는 꽃이니 혼자 놔둬서는 안 된다."는 말이 있다. 사내놈들을 잠 못 들게 하는 경귀다. 그렇다 해서 너무 쥐어짜다간 서로가 불편해진다. 기왕 맺은 인연이니 서로 믿고 자유롭게 살 수 있도록 하면 되레 편하여 좋을 것이다.

"20대는 공부에 미쳐라." "30~40대는 일에 미쳐라." 등은 일 중독에 걸리게 하는 말들이다. 그러나 일에 중독되어 죽은 사람은 없다.

어떤 사람이 일하다 돌연사했다 하면, 일 때문에 죽은 것이 아니다. 스트레스나 불안, 공포 같은 것이 원인이 되어 죽은 것일 것이다. 공부나 일에 미쳐 살면 되레 그 속에서 기쁨과 평안을 얻어, 사는 재미를 더 느끼며 산다. "하루하루를 어떻게 살았느냐가 곧 노년의 인생을 결정한다."는 말이 있다. 짧다고 하여 소홀히 하기엔 너무 귀한 말들이다. 그냥 흘려버렸다간 노년의 어려움을 견디어 내기가 어려울 것이다.

기왕 내친 김에 몇 가지만 더 말하고 마칠까 한다. "빚 얻으면 걱정을 얻는다."는 말이나, "부채는 자유인을 노예로 만든다."는 말도 우리를 크게 경각(警覺)케 하는 말들이다. 불로 소득(不勞所得)으로 무위 도식(無爲徒食)을 꾀하다간 말년에 밥을 걱정해야 하는 불운에 빠진다.

미치지 않으면 이르지 못한다(不狂不及) 하였으니, 햇볕이 쨍쨍할 때 땀흘려 건초를 말리는 지혜를 터득해야 한다. 일언 삼사(一言三思)라 하였으니 한 번 말할 때 세 번은 생각해야 한다. 입은 화가 들어오는 문이요(口是禍之門), 혀는 몸을 자르는 칼이라(舌是斬身刀) 하였으니 언행에 신중하지 못하다간 대화(大禍)를 입는다. 혀는 강철은 아니나 사람을 벤다.(The tongue is not steel, yet cuts it.) 작은 말 한마디가(寸鐵) 사람의 마음을 상하게 하여 그 사람을 죽일 수도 있다.

이 세상에 우리를 경각케 하는 경귀들이 많지만 여기에 다 매거(枚擧)할 수가 없다. 그런 경귀들이 짧다 하여 소홀히 할 일이 결코 아니고, 늘 귀감삼아 살면 생활에 큰 지혜가 될 것이다.

02 작은 물방울이 돌에 구멍을 낸다

수적 석천(水滴石穿)

수적이란 물방울을 말하고, 석천이란 돌을 뚫는 것을 말한다. 작은 물방울이라도 떨어지기를 계속하면 돌처럼 강한 것도 구멍을 낸다는 뜻이다.

세월이 흐르면 풍화 작용(風化作用)에도 돌은 부서지고, 쇠도 녹이 슬어 부서진다. 이 세상에 변하지 않는 것은 아무것도 없다. 사람도 죽어서 한 줌 부토(腐土)로 돌아가 소멸된다.

큰 비가 내리면 산이나 집을 밀고, 질풍 노도(疾風怒濤)가 거세면 방파제를 민다. 그러나 큰물 만이 힘이 센 것은 아니다.

물은 타협의 왕자다. 방해물이 없으면 계속 흐르지만, 앞에 둑과 같은 장해물이 있으면 그 흐름을 멈춘다. 그러다가 둑이 차면 그 둑을 넘어 흐름을 계속한다. 물은 그릇이 작으면 작은 그릇에 담기고, 그릇이 크면 큰 그릇에 담긴다. 그릇이 둥글면 둥글게 담기고, 그릇에 모가 나 있으면 모난 대로 담긴다. 어느 용기(容器)에 담겨도 용기대로 형상을 유지하니 그것이 곧 물의 신묘(神妙)함이요 만능적 기능이다.

바닷가 조약돌이 원래부터 둥근 것은 아니다. 수천 년을 하루같이 파도가 깎고 다듬었기 때문이다. 예술가가 하루아침에 장인(匠人)이 되는 것은 아니다. 평생을 통해 각고(刻苦)의 노력을 기울이지 않으면 안된다. 땀 흘리지 않고 대가(大家)의 반열(班列)에 오르는 자는 없다. 땀과 혼(魂)으로 빚어지지 않으면 그 어떤 것도 만대(萬代)를 초월하는 불후(不朽)의 것이 되지 못한다.

절차 탁마(切磋琢磨)라는 말이 있다. 학문을 하던, 덕을 쌓던, 긴 세월을 두고 갈고 다듬어야 빛나는 것이 된다. 옥돌이 아무리 좋은 돌이라도 갈고 다듬지 않으면 그 본색이 드러나지 않는다. 갈고 또 갈고, 다듬고 또 다듬어야 빛나는 것이 된다. 옥이 지아무리 좋은 것이라 해도 갈고 다듬지 않으면 좋은 그릇이 될 수가 없다.(玉不琢 不成器)

옛시조를 한 수 읊고 가자.

구름 빛이 조타하나 검기를 자로한다
바람소리 맑다하나 그칠적이 하노매라
조코도 그칠 뉘 없기는 물뿐인가 하노라(尹善道 五友歌)

구름 빛은 검기를 자주 하고, 바람 소리는 그치기를 자주 한다. 물방울이 돌에 구멍을 내는 것은 주야를 가리지 않고(晝夜不辭) 흐르기 때문이다.

야생마(野生馬)가 하루아침에 순치(馴致)되는 것은 아니고, 탕아(蕩兒)가 하루아침에 좋은 아들로 순화(醇化)되는 것은 아니다. 이 세상에 눈물과 땀 없이 이루어지는 것은 아무것도 없다.

단애(斷崖) 위에 서보지 않은 자는 고객(孤客)의 외로움을 모른다. 재능은 고독 속에서 연마되고, 성품은 생활의 흐름 속에서 형성된다. 인간의 재능은 혼자서 기를 수 있지만, 성품은 대인 관계의 흐름 속에서 형성된다. 오랜 세월을 두고 서로 밀고, 당기고, 부대끼며 사는 데서 대인 관계는 단련된다. 쉽게 얻어진 것은 쉽게 잃는다 하였다. 땀과 눈물이 없이 얻어진 것은 만인의 사랑을 얻지 못한다.

세월처럼 꾸준히 흐르는 것은 없다. 끝 없이 흐르는 세월 속에서 삼라 만상은 생멸(生滅)을 거듭하며 흐른다. 인간은 "한 조각의 구름이 되어 일어나고(生也一片浮雲起), 한 조각의 구름이 되어 사라진다."(死也一片浮雲滅) 인간이 허무한 것 같아도 살아 있는 동안은 가장 소중하고 아름다운 것이다. 달구어진 쇠가 식으면 아무리 두들겨도 소용이 없다. 식기 전에 열심히 두들겨야 한다. 작은 물방울이 떨어지기를 계속하면, 돌도, 바위도, 쇠도 틈을 내어 부서진다.

위정자(爲政者)들이 나라의 중심에 확실히 서고, 군인들이 불철 주야 나라를 잘 지키고, 경찰관이 밤을 새워 범인의 뒤를 좇고, 온 국민이 하는 일을 잘하며 살 때, 나라는 아무 탈 없이 잘 부지(扶支)되어 튼튼한 나라가 된다. 물방울이 작다고 하대(下待)해서는 안된다. 큰 것만이 큰일을 하는 것은 아니다. 작은 물방울이 하는 것을 교훈을 삼아 살면, 우리가 하는 일은 잘 되고, 우리가 사는 곳은 아름답고 살기 좋은 곳이 될 것이다.

안되면 몇 번이고 반복해서 해야 할 생각을 해야 한다. 잘못을 통해 이루어진 일이 훨씬 더 완전하고 믿을만한 일이 된다. 필요하다고 생각되면 필생(畢生)을 바쳐서라도 이룰 생각을 해야 한다. 한두 번의 시도로 이루어진 일 중에 평생을 믿고 쓸만한 일은 거의 없다.

열심히 행하지 않는 자 중에 성공을 거둔 자는 없다. 부지런히 휘두르는 호미는 빛이 나고, 쉬지 않고 돌아가는 물방아에는 얼음이 얼 새가 없다. "근면은 돌에서 불을 얻고, 근면한 사람 중에 배고픈 자는 없다." 하였다.

가을에 거둘 소망을 가진 자는 이른 봄에 서둘러 씨를 뿌려야 하고, 가꾸어 기르는 일에 신명을 바쳐야 한다.(春若不耕 秋無所望) 근면이 천재를 만들고, 신(神)도 부지런한 사람을 도와준다. 아침에 일찍 일어나지 않으면 그날 하루 힘을 쓰지 못한다.(寅若不起 日無所辨) 물도 그냥 멈추어 있으면 썩어서 못 쓰는 물이 되지만, 물방울처럼 작은 것도 계속 움직여 떨어지면 바위에 구멍을 내고 쇠에도 구멍을 낸다. 세상을 살되 수적 석천의 글귀를 거울삼아 살아가기를 기원하며 이만 줄인다.

03 사슴을 가리키며 저것은 말이다
지록 위마(指鹿爲馬)

지록 위마라는 말은 "손가락(指)으로 사슴(鹿)을 가리키며 저것은 말(馬)이다."라는 뜻이다. 잘못된 것을 끝까지 우기며 남을 속이려 드는 것을 말한다.

일본 사람들은 독도가 자기 나라의 땅이라고 한다. 독도는 1,400여 년 동안 실효적으로 지배해왔던 우리의 땅이다. 욕심이 난다 하여 남의 것을 자기의 것이라고 우겨서는 안 된다. 독도는 역사적으로 우리의 땅이고, 지리적으로도 우리의 땅이다. 국제법상으로도 우리의 영토이고, 외교적 교섭이나 사법적 해결의 대상이 아니다. 우리의 땅인 독도가 영유권 분쟁의 대상이 되어서도 안 된다.

독도는 한국 민족의 자존심이요, 자존심의 전초기지다.(미국 뉴욕 타임즈)

독도는 울릉도에서 87.4Km의 거리이지만, 일본(오키섬)으로부터는 157.5Km나 되는 먼 거리다. 이런 지리적 근접성 때문에도 우리나라의 영토이고, 그런 이유 때문에 역사적으로도 우리의 땅으로 우리가 지배해 왔다.

조선 초기에 쓴 '세종실록-지리지'(1454)에는 "독도와 울릉도는 서로 멀리 떨어져 있지 않아 날씨가 맑으면 바라볼 수 있다."고 기록되어 있다.

조선 초기의 관찰서(觀察書)인 '세종실록과 지리지'에는 울릉도와 독도는 강원도 울진현에 속한다고 기록되어 있다. 그간의 행정 구역 개편으로 지금은 경상북도에 속해 있는 대한민국의 가장 동쪽에 있는 화산섬이다.

조선 시대에는 독도를 우산도(于山島), 삼봉도(三峰島), 가지도(可支島)라 불렀으며, 독도가 오늘날의 이름인 독도(獨島)로 쓰인 것은 1906년(광무 10년) 울릉군수 심 홍택의 보고에 의한 것이다.

독도는 6세기 초엽(512년)에 신라가 지배하고 있던 우산국(울릉도의 옛 이름)의 영토라고 기록되어 있다. 독도에 대한 통치 역사는 신라 시대에까지 거슬러 올라간다.

컴퓨터를 열어보면 독도에 대한 고증 기록이 엄청나게 많이 있어서 여러분 모두는 깜짝 놀랄 것이다. 나도 깜짝 놀랐다.

일본 사람들은 독도를 자기 나라 땅이라고 한다. 욕심이 난다고 해서 자기의 것이 아닌 것을 자기의 것이라고 하는 것은 그야말로 후안무치(厚顔無恥)한 짓이다. 자라나고 있는 그들의 후대(後代)들을 어떻게 가르치려고 그런 거짓말을 하는지 알 길이 없다. 거짓말은 언젠가는 들통이 나는 것이고, 감춘다 해서 감추인 그대로 감추어지는 것은 아니다.

사슴은 영원히 사슴인 것이지 감언 이설(甘言利說)로 호도(糊塗)한다 해서 사슴이 말(馬)이 되는 것은 아니다. 사슴이 사슴인 것은 영원한 진리이고, 진리는 아무리 바꾸려 해도 바뀌지 않는다.

옛말에 양두 구육(羊頭狗肉)이라는 말이 있다. 양머리를 밖에 걸어놓고 안에서는 개고기를 파는 것을 말한다. 밖에는 소머리를 걸어놓고 실제로는 말고기를 파는 이야기와도 같은 말이다. 양고기를 파는 줄 알고 들어가 봤더니 양고기를 파는 것이 아니고, 개고기를 파는 속임수는 곧 들통이 난다. 얕은 속임수로 속이려 해 봤자 속여지는 것은 결코 아니다.

지금 자라나고 있는 어린 후대들을 어떻게 감당하려고 그런 거짓말을 하는가. 그들에게 정직하고 순진한 사람이 되라고 어떻게 교육을 하겠는가.

나는 지난번에 '바르게 산 자들이 누리는 행복'이라는 책을 낸 적이 있다. 이 세상이 바르게 사는 자들로 가득 찰 때 이 세상은 믿고 사는 행복한 세상이 된다. 일본이 신뢰받는 우리의 이웃으로 남고자 하면, 사슴은 말이 아니라고 정직하게 말할 수 있어야 한다.

정직한 자는 신이 만든 것 중에서 가장 고귀한 작품이라고 했다. 누더기를 입고 있어도 정직한 사람은 정직한 사람으로 후대(厚待)받는 세상이 아름다운 세상이다.

솔직하고 정직하게 살면 때로는 손해 볼 때도 있다. 솔직하고 정직하게 살면 손해 본다 하여, 이를 저버리면 후한(後恨)을 면치 못할 것이다.

정직함은 이 세상에서 가장 좋은 방책이고, 마지막까지 지켜야 할 최후의 보루(堡壘)이다. 남을 속이지 않고 정직하게 사는 데서 미래의 행복을 찾아야 한다. 그렇지 못하면 그 행복은 오래 붉지 못하고 곧 사라지는 꽃과도 같은 것이 된다.

역사가 왜곡(歪曲)되어서는 안 된다. 역사가 왜곡되면 과거와 현재가 충돌하고, 과거와 현재가 충돌하면 미래가 흐려진다. 역사에서 잘못 배우면 현재와 미래의 진로가 불투명해진다. 잘못된 것은 잘못 되었다고 말하는 양심 있는 지성(知性)들의 용기가 필요하다.

역사란 이미 흘러가버린 시간이다. 이미 흘러가 버렸다고 해서 아무 쓸모 없는 것은 아니다. 때로는 거슬러 흘러와 미래를 재단(裁斷)할 것이다. 그 나라의 국민은 그 나라의 역사 건설의 담당자들이다. 그들이 만들어 흘려보낸 역사에 관해 책임을 져야한다. 역사에서 바른 것을 배워야 바른 미래를 만들어 나간다.

독도의 파도 소리는 예나 지금이나 변함이 없다. 바람이 거세면 파음(波音)은 높고, 바람이 잦아들면 파음 또한 낮아진다. 갈매기는 변함없이 우짖어 우리의 노래를 부르고, 들려오는 해조음(海潮音) 또한 우리의 얼을 노래한다. 독도는 형성된 이래로 우리의 땅으로 점지되어 우리의 땅으로 지켜져 왔다.

바위에 낀 이끼는 태고로부터 겹겹이 쌓여 오늘에 이르렀다. 독도에 떠오르는 해는 태초로부터 떠올랐던 해요, 영원 무궁토록 떴다 지기를 계속할 것이다. 독도는 예로부터 우리와 애환(哀歡)을 같이 해왔고, 우리와 더불어 명운(命運)을 같이 할 것이다.

04 큰 일에 목숨을 건다

건곤 일척(乾坤一擲)

건곤이란 하늘(天)과 땅(地)을 말하고, **일척**이란 한 차례의 몸을 던짐으로(一擲) 승부를 겨루는 것을 말한다. **건곤 일척**이란 자기의 흥망(興亡)을 걸고 마지막 승패를 겨루는 것을 말한다.

이 말에 대한 영어적 표현을 빌리면 "루비콘 강을 건너다"(Crossing the Rubicon)라는 말로 표현할 수 있다. 루비콘 강은 이탈리아의 북부를 흐르는 지세가 험하기로 이름난 강이다. 이 강의 험준한 지세 때문에 감히 어떤 나라도 이탈리아를 침범할 엄두를 내지 못했다. 주변국에서 여러 차례 이탈리아를 침범할 시도를 했지만, 번번이 실패하고 말았다.

그런데 기원전 49년에 로마의 장군이자 정치가인 시저가 군대를 이끌고 이 강을 건너 폼페이우스를 격파하는 대 전과를 세웠다. 이 강을 건넌 것은 돌이킬 수 없는 결정과 전쟁의 승리를 의미할 만큼 험한 강이었다. 그래서 "루비콘 강을 건너다."라는 말은 중대한 결단으로 승리를 거두었다는 말로 쓰이게 되었다. 시저 이후 로마는 주변국들을 계속 점령하여 로마 제국을 건설하는 기초를 닦게 되었다.

언젠가 친구에게 편지를 쓴 적이 있다. 그해 여름이 어찌나 더웠던지 그야말로 살인적인 더위였다. "그간 어찌 지냈는가, 참 힘든 여름이었네. 루비콘 강을 건너서 살아남은 기분일세."라고 썼다. 건곤 일척은 목숨을 걸고 전심 전력을 기울여 어떤 일을 성취하거나, 하늘과 땅을 걸고 마지막 몸을 던져 승부를 겨룰 때 쓰는 말이다.

우리의 하루하루가 그런 날들이라고 하기는 어렵고, 일생 중 몇 차례는 그런 어려운 고비에 이른 경험은 다 가지고 있다. 나라는 나라대로 나라의 명운을 걸고 싸워 이겨낸 전력(戰歷)은 다 가지고 있다.

사람마다 시련을 겪고 나라마다 시련을 겪으며 산다. 시련은 그 사람을 단련시키고, 나라도 또한 시련을 통해 강해진다. 시련 없이 사는 사람은 없고, 나라 또한 시련 없이 운영될 수가 없다. 아무리 시련이 커도 그것을 물리칠 의지가 결연(決然)하면 그 시련은 극복 될 수가 있다.

참으로 선한 사람이 되기 위해서는 수없이 많은 악과의 싸움에서 이겨야 하고, 그 싸움이 잦으면 잦을수록 사람은 튼튼하고 강인하게 단련된다.

대학 4학년 때의 일이다. 군대에 갔다 온 지 한 달도 못되었다. 어느 고등학교에서 독일어를 가르칠 수 있겠느냐는 요청이 들어왔다. 독일어는 내가 전공했던 과목도 아니고 대학에서 선택 과목으로 조금 공부했던 과목이었다. 게다가 군대 생활을 마치고 나온지라 그간 많이 까먹기도 해서 자신이 별로 없었다. 학생들의 드센 질문을 이겨내지 못하고 물러난 사람이 몇 사람이 있었다고 했다. 만약 잘못하여 나도 다른 사람들처럼 물러나게 된다면, 날개를 펴기도 전에 무너지는 비운을 겪게 될 것이 뻔했다.

여기서 무너지면 나의 인생도 무너진다는 생각으로 열심히 했던 것이 주효(奏效)가 되어 겨우 가르치게 되었다. 그 후 열심히 하여 대학에서 강의하는 영광도 누리게 되었다.

하늘과 땅을 걸고 승부에 도전하는 결단을 내리지 않았더라면, 내 인생은 달리 변했을는지도 모른다. 크게 잘못되었더라면 초동 목부(草童牧夫)가 되어 마소의 꼴이나 베는 신세가 되었을는지도 모른다.

자수 삭발(自手削髮)이라는 말이 있다. 자기 머리를 스스로 깎아 대결단을 내리고 어려운 일을 감행하는 것을 말한다. 나는 그런 정도까지는 이르지 않고 살았으니 팔자치고는 비교적 괜찮았던 것 같다.

이 세상에 전쟁보다 무서운 것은 없다. 삽시에 많은 생명이 살상되고, 나라가 초토화(焦土化)되기 때문이다. 전쟁이 일어날 때 온 나라의 국민은 건곤 일척의 의지로 나라의 흥망을 걸고 싸운다. 임진 왜란을 비롯하여, 6·25 사변 등 수백 차례의 크고 작은 외침(外侵)을 받았지만 다 막아냈다. 온 국민이 결연한 의지로 혼연 일체(渾然一體)가 되어 싸웠기 때문이다.

전쟁이 시작되면 지옥의 문이 열리고(When war begins hell opens.), 전쟁은 죽음의 축연(War is death's feast.)이라 할 만큼 무서운 것이다. 이 무서운 전쟁에 장군 혼자서는 싸워 이길 수가 없고, 온 국민이 분연(奮然)히 일어나 목숨을 걸어야 한다.

삼고 초려(三顧草廬)라는 말이 있다. 중국의 삼국 시대(魏·吳·蜀)에 촉나라의 임금 유비가 남양에 사는 제갈량의 집을 세 번이나 찾아가 그를 군사(軍師)로 모셨다는 고사(故事)를 말한다. 누추한 그의 집을 임금이 세 번이나 찾아간 것은 제갈량의 지략(智略)이 욕심났기 때문이다.

중국의 삼국 시대는 유비(촉)와 손권(오)과 조조(위)가 정립(鼎立)하여 싸우던 시대다. 유비가 제갈량 같은 지략가를 얻어 건곤 일척의 순간에 싸워 이겨서 나라를 구하고자 함이었다.

시험을 준비하는 수험생들이나, 결승전에 임하는 운동 선수들은 유력(乳力)을 다하여 싸운다. 선거를 통해 한 자리를 차지하고자 하는 사람들은, 승패에 자기의 명운을 건다.

대통령이라는 자리는 만인지상(萬人之上)의 대 권좌(權座)가 주어지는 자리다. 그 자리를 쟁취하기 위해 하늘과 땅 그리고 이 세상 모든 것을 송두리째 건다. 그야말로 건곤 일척의 대 승부를 건다. 그러나 자리가 좋다고 해서 분별력을 잃고 싸우다간 대사(大事)가 곧 망사(亡事)가 된다.

순간순간을 온몸을 바쳐 살아간다면 그보다 더 좋을 수는 없지만, 꼭 그렇게 살기는 힘들다. 평소에는 쉬엄쉬엄 여유를 가지고 살다가도, 큰일이 눈앞에 밀려오면 이를 온몸으로 받아 싸워 물리쳐야 한다. 건곤 일척의 대결단으로 그 일에 맞서 싸워 승리를 쟁취해야 한다.

05 소의 뿔을 고치려다 소를 죽인다
교각 살우(矯角殺牛)

교각 살우란 말은 비교적 많이 쓰는 말이어서 우리에게 그렇게 생소하지는 않다. 교(矯)는 바로잡는다는 뜻이고, 각(角)은 소와 같은 짐승의 뿔을 말한다. 소의 뿔이 굽은 것을 보고 이를 바로잡으려 하다가 잘못하여 소를 죽이는 것을 교각 살우라 한다. 어떤 결점을 고치려다가 수단이 지나쳐서 그 결점을 고치지 못하고 일을 그르치는 것을 말한다. 이 세상에 이보다 더 어리석은 짓이 없다하여 이를 교각 살우의 우(愚: 어리석을 우)라고 표현하기도 한다.

사람을 비롯하여 모든 생물에게는 욕망(desire)이라는 것이 있다. 이 욕망을 채우고자 사람들은 무한 질주(無限疾走)를 한다. 아무리 큰 것을 성취해도 그것으로 만족하지 않고 또 다른 것을 좇아 나선다. 이 끝없는 욕망을 제어(制御)할 자는 아무도 없다.

따지고 보면 욕망처럼 좋은 것도 없다. 왜냐하면, 오늘날 우리가 이렇게 잘 먹고, 잘 입고, 잘 사는 것도 기실(其實)은 욕망의 소산(所産)이기 때문이다. 더 많은 공부를 해서 더 좋은 대학에 들어가려고 하고, 더 많은 노력을 해서 더 좋은 일자리를 잡으려 한다. 더 많은 돈을 벌어 더 좋은 차를 사고, 더 좋은 집을 사고, 더 좋은 환경에서 더 많은 호사를 누리며 살고자 한다.

그러고 보면 욕망보다 더 좋은 것은 없지만, 이것이 지나치면 탐욕이 된다. 탐욕의 갈증은 무한해서 아무리 채워도 천정 부지(天井不知), 그 끝이 없다. 탐욕의 불길에 사로잡히면 그 불길은 자기를 태우는 무서운 불길이 된다.

작은 것을 탐하면 큰 것을 잃는다(小貪大失) 하였으니, 어지간하면 작은 것에 만족하며 살면 후한(後限)이 없다 하여 하는 말이다.

자식 문제로 욕심을 부리지 않는 부모는 없다. 내 자식이 남의 자식보다 더 잘되기를 바라는 것은 모든 부모의 염원이다. 욕심을 부리되 욕심에 눈이 멀어서는 안된다. 잘못하다간 자식을 버리기 때문이다.

부모는 자식이 크게 변해 잘 되기를 기원하며 산다. 그러나 자식은 부모가 원하는 길로 가려 하지 않는다. 부모가 원하는 사람을 만들려 하면 부모 이상의 사람은 되지 않는다. 스스로의 길을 찾아가게 하되 정로(正路)에서 벗어나지 않게 하면 된다. 부모가 가족의 중심에 확실하게 서면 가정은 아무 탈이 없고, 자식은 부모를 신뢰하고 존경하는 좋은 자식이 된다.

부모 혼자만 말하지 말고 자식도 많이 말하게 해야 한다. 부모의 뜻대로 자식은 결코 길러지지 않는다. 자식이 하고 싶은 일을 하게하고, 부모는 그 일이 잘되도록 지원하면 된다. 자식을 가르치되 머리로 하지 말고 가슴으로 하라 하였다. 가슴은 사랑의 자리이고 사랑은 잘못을 이해하고 얼어붙었던 것도 녹여내기 때문이다.

자식에게 관심을 두되 지나치지 않게 하라. 늘 자제력으로 솟구치는 욕구를 억제할 수 있어야 한다. "오늘은 이 옷을 입고 가라, 이 신을 신고 가라, 이 모자를 쓰고 가라, 이 넥타이를 매고 가라, 너는 왜 이 음식을 먹지 않느냐." 참 지겨울 정도로 끈적끈적하다. 이것은 지나친 과잉 보호이고 숨통이 막혀 질식할 것만 같다.

세상에 잘못 없는 사람은 없다. 잘못이 없는 사람은 생명이 없는 사람이다. 부모는 늘 자식이 완전하기를 바라지만 결함 없이 튼튼하게 자란 자식은 없다. 자식에게 결함이 있으면 그 결함이 당장 고쳐지기를 기대하지 마라. 서서히 하되 순리를 좇아 하라. 부모는 늘 베이스캠프처럼 따뜻하고 안온해야 한다.

소의 뿔을 바로잡으려다가 소를 죽이는 우(愚)를 범해서는 안된다. 탐욕에서 근심이 생기고, 탐욕에서 두려움이 생긴다. 점수 하나하나에 일희 일비(一喜一悲) 하지 마라. 점수 높은 자가 세상을 지배하는 것은 아니다. 점수를 따되 먼저 바르게 사는 법을 배워야 한다. 욕심이 지나치면 자식을 버리고, 부자지간(父子之間)의 관계도 소원(疏遠)해진다.

사람들 중에 욕심 없는 자가 없지만 지나친 욕심은 자기를 파괴한다. 나도 자식을 셋이나 길렀다. 그들의 노예가 되어 그들을 길렀다. 그들이 잘해주어서 별 탈 없이 잘 길렀다. 운이 참 좋았던 것 같다. 그들이 정궤(正軌)에서 벗어나 잘못되었더라면 큰일 날 뻔했다. 다들 아무 탈 없이 잘 사는 것에 감사한다.

임금을 섬기되 과잉 충성은 미움을 사고, 벗과 사귀되 정이 지나치면 귀찮게 여긴다.(採根譚) 아무리 좋은 것도 지나치면 미치지 못하고 잘못하면 큰 독이 된다.(過猶不及)

너무 긴 것은 끊고, 너무 짧은 것은 보태서 알맞게 맞춰야 일이 잘

된다(絶長補短). 중용(中庸)의 길이 가장 안전한 길이고, 안전하게 가려면 가운데 길을 택해서 가야 한다.(You will travel safest in a middle course.)

가정에서 자녀를 기를 때 물이 흐르듯 순리를 좇아 하라. 욕심이 지나치면 좋은 자식들 다 버린다.

사람은 자기 이(齒)로 자기 무덤을 판다는 말이 있다. 지나치게 많이 먹는 버릇을 가지면 오래 살지 못한다는 뜻이다. 적당히 먹고 많이 움직이면 병이 감히 넘보지 못한다. 건강은 만복의 근원이고, 건강을 잃으면 부귀, 영화, 권세, 명예 다 잃는다.

권좌(權座)에 앉고 싶은 양반들, 정심(正心), 정도(正道)가 아니면 가지 마라. 중용의 도(道)가 정도이고 생명의 도임을 명심해야 한다. 돈 몇 푼 얻어먹으려다가 정치의 생명을 잃고, 패가 망신(敗家亡身)의 치욕을 겪는다. 교각 살우의 우를 범하지 말기를 간절히 염원하면서 이만 줄인다.

06 평민 신분으로 종군하여 싸움

백의 종군(白衣從軍)

백의 종군이라는 말은 벼슬에서 물러난 사람이나, 또는 군인이 아니면서도 전쟁터에 나가 싸우는 것을 말한다.

옛날 벼슬아치들이 권좌(權座)에 있을 때는, 그 권좌를 상징하는 옷을 입었지만, 그 벼슬에서 내려오면 그 옷을 벗어야 한다. 이제는 일반 백성들과 같은 옷을 입고 그들과 어울려 같이 살아야 한다. 이때 그들이 입는 옷은 꼭 백의 민족(白衣民族)의 백의는 아니다. 이제 일반 백성과 똑 같은 초연(超然)한 생활로 돌아왔다 하여, 이를 상징적으로 표현하여 백의라 한 것이다. 일반 백성의 신분으로 전쟁에 참여하거나, 다른 어떤 큰 일에 참여하여 싸우면 이를 백의 종군한다고 한다.

뭐니 뭐니 해도 벼슬은 좋은 것이다. 벼슬이 백성의 심부름을 하는 자리이기는 해도, 서로 다투어 벼슬을 하려 함은 그 자리가 좋기 때문이다. 그 자리가 그냥 심부름만 하는 자리는 아니고, 때에 따라서는 군림(君臨)하는 자리가 된다. 국록(國祿)을 먹으니 배곯을 리는 없고, 만인이 우러러 받드니 이보다 더 좋을 수가 없다. 그래서 모든 사람이 벼슬하기에 혈안(血眼)이 된다. 초야(草野)에 묻혀 목부(牧夫)로 사는 것보다는 우선은 우아하고 아름답게 보여 좋을 것이다.

옛날에는 벼슬하는 사람들의 옷이 따로 정해져 있었다. 왕이나 문무 백관(文武百官)들의 옷은 웅위 찬란(雄偉燦爛)했고, 교황이나 일부 목회자의 옷이 또한 그러해서 그 옷으로 그들의 위엄과 권위를 나타낸다.

대통령을 비롯하여, 다른 고위 관직자의 옷이 따로 있는 것이 아니다. 판사들만이 법복을 입어 그들의 공정성과 권위를 상징적으로 나타낸다. 대통령이 하야(下野)한다 해서 따로 입는 옷이 있는 것은 아니다. 옷으로 등급을 나타내는 일은 없고, 모두가 다 같은 옷으로 통일하여 입는다. 군 장성에게는 별을 달아주고, 백성을 대표하는 분들에게는 금배지를 달아 주어 별과 금배지의 의미를 알고 행하게 한다.

예부터 지위가 높을수록 겸손하라 하였고, 벼슬이 높을수록 뜻을 낮추어 행하라 하였다. 세상이 잘못되어 벼슬아치들이 자고(自高)하여 교만하기 이를 데 없고, 부정과 비리를 다반사로 저질러 영어(囹圄)의 신세가 된다.

아주 오랜 옛날에 이 성원(李晟元)이라는 사람이 있었다. 몸이 늙은지라 벼슬을 더는 지속할 수가 없어서 그 직을 사임하려고 했다. 아깝지만 하는 수 없이 임금님이 그것을 허락했다. 임금님이 하사한 물품은 다 반환하고, 망가진 우차(牛車)로 자기 아들을 시켜 이른 새벽에 서울을 빠져나왔다. 만조 백관(滿朝百官)들이 그를 환송하러 나왔으나 만나지 못했다. 그런데 그는 어찌나 가난했던지 겨우 초가집 한 채를 가지고 있었다.(보물 896호 事文類聚)

가렴 주구(苛斂誅求)를 일삼아 배가 터지게 잘 먹고 사는, 썩은 벼슬아치들의 이야기와는 너무 대조적이어서 머리가 숙여진다. 이 성원의 행적은 모든 사람에게 귀감이 된다. 이제 몸이 늙어 사퇴를 자원했던지라 종군의 꿈은 없고, 마지막 낙향의 길에 올라 불귀(不歸)의 객이 되었다. 자랑스럽지만 그래도 인간적인 감회는 수수(愁愁)롭기만 하다.

벼슬을 사양하고 고향으로 내려가는 어느 두 사람에게 "만족을 느끼면 욕(辱)은 먹지 않을 것이고, 그칠 줄 알면 위태롭지 않을 것이다."(漢書)라고 했다. 단호하게 벼슬을 사양하고 고향으로 내려가는 두 사람에게 환송하러 나온 사람들이 길을 메웠다. 모든 사람이 "두 사람이 다 어질다."라고 칭찬했다고 한다.

요즘처럼 벼슬이면 사족을 못 쓰는 세상에, 누비(陋鄙)에 묻혀 살아도 만족할 줄 알면 욕을 먹지 않을 것이고, 그쳐야 할 때 그칠 줄 알면 위엄을 만나지 않아 좋을 것이다.

이 순신 장군도 원 균(元均)이라는 못된 사람의 무함(誣陷)으로, 그간 이룩한 전공(戰功)에도, 서울에 압송되어 사형을 받게 되었다. (1597) 그 후 정 탁(鄭琢)이라는 사람의 신원(伸冤)으로 사형을 면제받았다. 그 후 권 율 장군의 막하(幕下)로 백의 종군했으나, 정유 재란(丁酉再亂)으로 원 균이 참패하자, 다시 삼도 수군통제사가 되어, 겨우 남은 12척의 함선과 빈약한 병졸을 거느리고, 명량에서 왜선 133척과 31척을 격파하는 전과(戰果)를 올렸다. 그 후 많은 전과를 세웠으나 여기서는 이 정도로 약기하니 양해하기 바란다.

이 순신 장군의 백의 종군은 나라를 백척 간두(百尺竿頭)에서 구하고, 적의 탄환을 맞아 전사했지만, 그의 빛나는 업적은 천추(千秋)에 찬연히 빛날 것이다. 무함을 당해 벼슬을 잃고 평범한 백의의 신분으로 전쟁터에 나가 싸웠으니, 백의 종군의 가장 뛰어난 선례(先例)가 되었다 할 것이다.

꼭 총 칼을 들고 싸우는 곳만이 전쟁터가 되는 것은 아니다. 정치판도 전쟁을 방불케 하는 대혈전이 벌어지니 전쟁터나 다름이 없다. 정치판을 말하기를, 뻘밭에서 두 마리의 개가 물어뜯고 싸우는 것과 같다 하여 이전 투구(泥田鬪拘)라 하고, 이를 닭싸움과 비교하여 이전 계투(泥田鷄鬪)라 하기도 한다.

정치판은 나라의 똑똑한 사람이라고는 다 모이는 곳이고, 군웅(群雄)이 할거(割據)하여 싸우는 전쟁터와도 같다.

총선 바람이 멎으면 추풍 낙엽(秋風落葉)처럼 모가지 떨어지는 소리가 들리고, 대선(大選) 바람이 불면 이보다 더 뜨겁고 살벌해서, 죽기 아니면 살기의 대혈전이 벌어진다. 너를 죽이지 않으면 내가 죽고, 너를 죽여야 내가 사는 그야말로 혈흔(血痕)이 낭자(狼藉)하는 전쟁터가 된다.

서로 편을 갈라 싸우고 이해 득실(利害得失)에 따라 목숨을 건다. 공천(公薦)에서 탈락되면 온갖 욕을 퍼부으며 자기 갈 길로 돌아선다. 자기가 몸담았던 당(党)이야 어떻게 되든, 무자비한 별리(別離)의 길로 돌아선다.

그러나 쓰러져가는 당을 일으켜 세우고, 실의(失意)에 빠진 동료들의 마음을 일으켜 세우기 위해 백의 종군의 결단으로 다음 전투에 복귀한다. 이들이야말로 지조를 지키는 정치인이고, 동가식 서가숙(東家食西家宿)을 하는 막된 정치인이 아니다.

낙마(落馬)의 불운을 씻고, 결연한 의지로 백의 종군하는 뜻은 참 아름답기 그지없다. 정치인은 대의(大義)에 살고 명분(名分)에 투철해야 한다. 큰 정치를 하려거든 대심(大心)을 가져야 하고, 참고 기다릴 줄도 알아야 한다. 그래야 대성(大成)의 영광을 누린다.

지금까지는 서로 정적(政敵)이 되어 싸우다가도, 그 싸움에서 지면 다음 결전(決戰)의 승리를 위해 동료를 도와 싸워야 한다. 그것이 곧 대의를 위해 사는 남자다운 사람의 백의 종군의 모습이다.

정치는 말의 예술이고 타협과 절충의 예술이다. 반대를 위한 반대는 비겁하고 옹졸한 자들이 하는 짓이다. 상대방의 말이 옳으면, 기탄없이 수용하는 타협의 모습은 참 아름답기 그지없다. 윗물이 탁하면 아랫물도 탁할 것인즉(上濁下不淨), 백성이 보고 따라 행할 수 있도록 모범을 보이고 정정 당당하기를 기원한다.

07 남의 잘못을 나의 거울로 삼음

반면 교사(反面教師)

사람이나 사물의 부정적인 면을 반면(反面)이라고 하고, 이런 부정적인 면을 거울삼아 살면, 이에서 깨달음이나 가르침을 얻어 일이 잘 되도록 인도해준다 하여 이를 반면교사라 한다.

나는 언젠가 한 지인(知人)과 싸운 적이 있다. 가진 것이 없다고 자기를 무시한다는 것이었다. 황당 무계(荒唐無稽)하고 기가 막힐 일이었다. 싸운 지 몇 달이 지났는데도 지금도 기분은 찝찔하다. 서로가 말년의 인생을 살고 있는지라 가진 것이 없는 것은 피차 마찬가지다. 그간 벌어놓았던 것은 다 까먹고 의지할 곳이란 별로 없이 사는 처지다. 서로의 감정을 풀어야 하지만 그런 일에는 숙맥(菽麥)이어서 지금도 미지근한 상태로 지내고 있다. 그러고 보면 나도 참 꾀죄죄하고 못난 사람이다. 다시는 이런 일이 없도록 마음속 깊이 다짐하는 계기로 삼고 싶다.

부모가 싸우기를 다반사로 하면 자식들의 마음은 심히 괴롭고 어지러워진다. 그렇다 해서 자식들마저 가세하여 싸우기를 일삼으면 가정은 삽시에 풍비 박산(風飛雹散)이 된다. 이 일을 반면 교사로 삼아 서로 어울려 사는 길을 찾으면 가족은 하나가 되는 계기가 된다.

이해와 오해 사이는 백지 한 장 차이지마는 그 한 장을 헐면 이해가 되지만, 그렇지 못하면 영원한 적이 되어 산다. 반면 교사는 양자의 높은 담벽을 헐어 상서(祥瑞)로운 기운이 넘치게 하는(和氣可以致祥) 그런 교사다.

집안에 흉사가 터지면 좌절하기가 쉽지만, 어려울 때를 반면 교사로 삼으면 그 어려움은 잘 극복된다. 전쟁과 평화는 상대적 개념이지만 평화로울 때 잘 대비만 하면 전쟁 없이 잘 살 수가 있다. 햇빛이 쨍쨍할 때 우기(雨期)를 잘 대비만 하면 비의 무서운 재해(災害)도 막을 수 있을 것이다.

고난을 겪은 뒤에야 사람은 겸손해지고, 겸손한 사람만이 현명한 길을 찾아 산다. 간난(艱難)보다 더 큰 교육은 없다 하였다. 폭풍을 여러 번 만난 선장은 폭풍과 맞서 싸우는 것을 두려워하지 않는다.

사람이 만물의 영장(靈長)이기는 해도 불완전한 존재다. 적은 미혹(迷惑)에 흔들리고 미혹의 달콤함에 빠져 헤어나지 못한다. 그러다가 죄를 짓고 나락(奈落)에 빠져 울기도 한다. 나에게도 그런 적이 몇 차례 있었고 하마터면 큰일 날 뻔한 일도 있었다. 그런 위기를 반면 교사로 삼으면 영원한 생명을 얻어 산다.

반면 교사는 사람을 강하게 만든다. 사람은 고난 속에서 자기 자신을 알고 일어선다. 행복한 때는 행복에 취해 고난이 밀려오는 것도 모르고, 고난을 어떻게 이겨내야 할지도 모르고 산다.

인생은 고난의 연속이다. 험산(險山) 준령(峻嶺)이 가로막고, 건너기 어려운 험강(險江)이 가로막는다. 걷기 좋은 반반한 길만이 우리

앞에 있는 것은 아니다. 진눈깨비와 설한풍(雪寒風)이 앞을 가로막는다. 그러나 인생은 전진하는 자의 몫이다.

사람은 늘 실패를 거듭하며 산다. 실패에서 배우고 실패에서 겸손해진다. 실패에서 좌절할 수는 있지만 포기해서는 안 된다. 포기는 영원한 단절(斷絶)이기 때문이다. 실패를 반면 교사로 삼으면 7전(戰) 8기(起)의 호기로 다시 일어선다. 인생은 살다가 힘이 부치면 사라지는 포말(泡沫)과도 같다. 그러나 살아 있는 동안의 인생은 엄숙하고 준엄하다.

살아 있는 동안은 열정을 다해 살아야 한다. 사람으로 태어나서 새만도 못하다면 수치스러움이 얼마나 크겠느냐(可以人而不如鳥乎)라는 글귀도 있다.

반면 교사는 위대한 교사다. 부모로부터는 생명을 이어받지만, 교사로부터는 생명을 보람 있게 하는 지혜를 이어받는다. 인생보다 어려운 예술은 없다. 교사는 이 어려운 예술을 보다 빛나는 예술이 되게 한다. 반면 교사는 이미 뒤집힌 것에서 생명의 빛을 얻어 찾아가게 한다.

반면 교사는 악한 것에서 선을 찾아 전하고, 오만한 것에서 겸손을 찾아 전한다. 미움에서 사랑을 찾아 전(傳)하고, 갈등에서 화해를 찾아 전한다.

잠시 쉬어가고자 채근담(菜根譚)에 나와 있는 글귀를 인용하고자 한다.

"악한 일을 행한 다음에 남이 아는 것을 두려워함은 아직 그 악 가운데에 선을 향하는 길이 있음이요, 선을 행하고 나서 남이 빨리 알아주기를 바라는 것은 그 선속에 악의 뿌리가 있는 까닭이다."

언젠가 미국에서 워터게이트 사건이 일어났다. 이 사건이 일어나자 세상이 벌컥 뒤집혔다. 대통령 선거를 앞두고 민주당이 워터게이트라는 건물(6층) 안에서 전당대회 준비를 하고 있었다. 그 때 공화당 쪽에서 그 건물에 비밀 도청 장치를 설치해서 상대 당의 선거 전략을 빼냈다. 그렇게 해서 공화당의 닉슨 후보가 대통령으로 당선되었다. 그 후 얼마 안 되어 그 비밀이 탄로되어 닉슨 대통령은 권좌에서 물러났다. 이 사건을 그 건물의 이름을 따서 워터게이트 사건이라고 한다. 매우 비극적인 사건이었다.

우리나라에서도 대통령 선거가 진행되고 있을 때에 이와 유사한 사건이 일어났다. 남의 나라에서 일어난 일이라 하여 방기(放棄)할 일이 결코 아니다. 이를 반면 교사로 삼아 살면 그런 치욕과 불명예를 면할 수 있을 것이다.

마녀 사냥이라는 말이 있다. 유럽에서 일어난 일이다. 중세 암흑기(暗黑期)에 자기파가 아닌 사람은 마녀라는 이름으로 모조리 잡아 죽였다. 재판하여 죽이되 분형(焚刑)에 처해 죽였다. 교회에서도 이단박멸(異端撲滅)이라 하여 이 일이 공공연히 행해졌다. 16~17C.에 전 유럽에서 행해졌던 것이 18C.에 이르러서야 겨우 없어졌다. 이런 사건이 마녀 사냥(witch hunt)이라는 이름으로 행하였다.

요즘 우리나라에서도 상대 당(党) 사람들을 비밀 사찰로 탄압하거나 잡아 가두기라도 하면 마녀 사냥이라고 하여 가만 놔두지 않는다. 옛날에 일어났던 일이지만 이를 반면 교사로 삼아 바르게 살면, 이 일 때문에 서로 싸워 피를 흘리는 일은 없을 것이다.

매카시즘(McCarthyism)이라는 말도 거의 비슷한 뜻으로 쓰인다. 미국 상원의원 중에 매카시(McCarthy)라는 사람이 있었다. 공산주의를 어찌나 미워했던지 공산당원은 무조건 다 없애버려야 한다고 했다. 그야말로 극단적 반공주의자였다. 내가 싫거나 자기파가 아닌 사람은 매카시즘이라는 이름으로 마녀 사냥하듯 잡아 처단했다.

마녀 사냥이나 매카시즘도 반면 교사로 귀감 삼으면 시끄럽지 않는 좋은 세상이 될 것이다. 이런 일로 선거철만 되면 정치판은 난장판이 된다. 행한 쪽이나 당한 쪽 모두가 다 냉정하게 자기 자신들을 돌아보는 좋은 계기가 되었으면 하여 이 장황한 글을 썼다.

08 억센 바람이 억센 풀의 힘을 안다

질풍 경초(疾風勁草)

질풍이란 몹시 거세게 부는 바람을 말하고, 경초란 억센 풀을 말한다. 질풍 경초란 거센 바람에도 부러지지 않는 강한 풀이란 뜻으로, 아무리 어려운 환경에서도 뜻을 굽히지 않고 사는 것을 말한다.

아무리 뜻이 굳은 사람도 그 뜻을 초지 일관 지켜가는 사람은 드물다. 좌절의 고비를 맞으면 그 뜻을 접는 경우가 수없이 많다. 나도 그런 사람 중의 한 사람으로 하마터면 큰일 날 뻔 한 일을 여러 차례 겪었다. 그러나 이 말을 귀감(龜鑑)삼아 살면, 어려울 때 크게 도움을 받아 살 것이다.

한 포기의 가녀린 풀이 경초가 되는 데에는 수많은 고비를 넘겨야 한다. 떡잎 때에는 벌레의 침범을 받을 수도 있고, 새들이 와서 쪼아 먹을 수도 있다. 가뭄 때에는 갈증을 못 이겨 고사할 수도 있고, 사람이나 짐승에게 짓밟혔을 때는 허리가 두 동강이 나 꺾일 수도 있다. 햇볕이 따가울 때는 간신히 몸을 움츠리고, 바람이 세차게 불 때는 온 힘으로 버티어 이겨낸다.

수백 년을 한결같이 버티며 서 있는 거목(巨木)은 비, 바람, 눈, 서리를 한 몸으로 받으며 이겨낸다. 환란(患亂)이 닥쳐올 땐 성장의 노래를 부르고, 질고(疾苦)가 닥쳐올 땐 인고(忍苦)의 노래로 버틴다. 경초나 거목이 되는 일이 하루아침에 이루어지는 것은 아니고, 모진 세월을 수없이 넘겨야 한다.

하는 일이 힘들게 하고, 만나는 사람이 힘들게 하지만 인내로써 이겨낸다. 오래 참고 기다리는 것을 사랑이라고 한다. 참는 것은 소극적 체념(諦念)이 아니요, 적극적 용기요, 희망이다.

신이 우리에게 절망을 보내는 것은 우리를 죽이려 함이 아니요, 우리 속에 새로운 생명을 불러일으키려 함이다.(H.헤세)

그간 쌓인 피로도 풀 겸 옛날에 읽은 배비장전(裵裨將傳)의 이야기를 해야겠다.

배비장전이란 조선 말기의 한글 소설의 하나다. 여색(女色)에 곧기로 이름난 배비장이 한 여인의 꼬임에 빠져 망신을 당한다는 이야기다. 배비장은 본 이름이 배 선달이라는 사람이다. 김경(金卿)이란 사람이 제주 목사로 부임하자 배 선달이 비장(수행원)이 되어 따라간다. 평소 여색에 멀기로 이름나 있었고, 아내와도 단단히 약속도 한지라 별일이 없을 것이라 믿었다. 일행이 주색(酒色)에 빠지는지라 참아내는 일이 힘들기 그지없었다. 이에 사또가 비장을 골려줄 셈으로 기생 애랑(愛娘)을 시켜 그의 뜻을 꺾게 했다. 유혹에 넘어간 비장은 애랑과 옷을 벗고 막 잠자리에 들어가려고 할 때였다. 애랑의 남편이라고 하는 자가 나타나 같이 자는 남자를 내놓으라고 했다. 비장을 자루 속에 숨겼다가 다시 궤 속에 숨겨 바다에 버리게 했다. 파도소리, 뱃노래 소리가 들리는 속에, 비장은 영락없이 죽는구나 하고 고함을 질렀다. 뱃사공들이 와서 궤 문을 열어 주면서 바닷물이 짜니 눈을 꼭 감고 나오라고 했다. 눈을 꼭 감고 알몸뚱이로 기어 나온 배비장은 댓돌에 부딪혀 눈을 떠보니 거기는 다름 아닌 넓은 관청의 앞마당이었다. 그가 따라간 사또와 다른 비장과 방자와 기생들이 배꼽을 쥐어짜며 웃고 있었다.

배비장전은 조선조의 판소리의 각본을 소설화한 풍자 소설이다. 당시 관원들의 위선적이며 호색적인 생활을 폭로하려고 쓴 소설이다.

풀이 얼마나 강한지는 연풍(軟風)으로는 알 수가 없고, 힘이 센 질풍이라야 알 수가 있다. 배비장의 얄팍한 위선은 기생 애랑의 적은 꼬임수로도 쉽게 들통이 난 것이다. 현대판 배 비장이 어찌나 많던지 요즘의 밤거리가 어수선하여 우리의 마음을 서글프게 한다. 기개(氣槪)가 굳은 사람은 아무리 사정이 어려워도 그 기개를 굽히지 않고 산다.

세상이 어렵다 보니 우리를 힘들게 하는 미혹(迷惑)이 너무 많다. 사람이 얼마나 강하냐는 세상의 미혹을 이겨내는 것을 보면 안다. 특히 돈은 우리를 미혹케 하는 것으로 아주 조심해야 한다. 돈은 모든 악의 근원이다.(Money is the root of all evils.) 돈의 위력이 어찌나 강하던지 돈 앞에 마음이 동하지 않는 사람은 없다. 그 사람이 얼마나 진실한 사람인지를 알려고 하면, 그 사람에게 돈을 주어보라고 한다. 경초처럼 질풍에 끄덕도 하지 않은 사람이 있다면, 그 사람은 참으로 잘 단련된 사람이다.

돈은 비애와 번뇌의 근원이다. 내가 힘들여 번 돈이 아니면 손을 대서는 안 된다. 돈은 만능적 기능을 가지고 있어서 돈이 없으면 하루도 살 수가 없다. 그러나 돈은 최선의 종도 되지만 최악의 주인도 된다. 지체 높은 양반들이여! 당신들은 돈만 보면 사족을 못 쓰는데, 지옥문은 한없이 넓다고 하니 조심할 일이다.

그 사람을 알려거든 그 사람이 어려울 때 행한 일을 보면 안다. 질풍에 맞서 싸울 수 있는 그런 강한 사람이 되어 있는가를 보면 안다.

세상에 바람의 종류도 많지만 그 중에 제일 고약한 바람이 질풍이다. 부는 속도가 빠르고 거세다 보니 이를 견디어내기가 힘들다. 풀이 얼마나 강한지를 알고자 하면 이런 질풍을 만나봐야 한다. 사람의 마음이나 절개도 질풍과 같은 강한 시련을 만나봐야 그 강도를 안다.

경초가 거센 바람에도 굽히지 않는 것은 그간 많은 눈, 비, 바람의 시련을 견디며 단련되었기 때문이다. 훈풍에서나 겨우 몸을 부지하는 연약한 풀이 아니고, 질풍과 같은 강한 바람에도 끄떡도 하지 않는 경초가 되기를 기원하며 이만 줄인다.

09 빠른 세월과 덧없는 인생

백구 과극(白駒過隙)

백구란 흰 말을 말하고, **과극**이란 (문)틈을 지나는 것을 말한다. **흰 말이 달리는 것을 문틈으로 보는 것과 같이, 세월과 인생이 덧없이 빨리 흘러가는 것을 말한다.**

내가 지금 이런 제목의 글을 써야 할 나이가 되었지만, 그렇다 해서 잘 쓸 것 같지는 않다. 만인이 좋아하는 글을 쓰려면 타고난 문재(文才)가 있어야 하지만, 불후(不朽)의 명작으로, 시대를 초월해서 읽히는 글은 아무나 쓰는 것이 아니다. 내 그간 쌓인 연륜(年輪)으로 보면 세상을 놀라게 할 글을 씀직도 하지만, 글도 아닌 것을 글이라고 쓰고 있으니 부끄러울 일이다. 그러나 이런 정도라도 시간을 놀리지 않고 쓰고 있으니 감사할 일이다. 단 한 사람이라도 읽어서 적은 변화라도 느낄 수 있다면 이보다 더한 보람이 없겠다.

늙었다 하여 일손을 놓고 무위 도식(無爲徒食)하며 시간을 축내며 산다면 부끄럽기 그지없는 일이다. 행복한 사람은 시간에 관심이 없다고 하지만, 내 행복하지 않은 탓인지 시간에 관심이 많다. 하루하루

흐르는 시간에 무심치 않고, 적은 것이라도 이루며 사니 큰 성취감을 느낀다. 할 수만 있으면 죽는 날까지 글 쓰는 기쁨이라도 누렸으면 한다. 그래야 인생을 덧없이 살았다고 자책(自責)하지 않을 것이다.

요즘 세상이 많이 좋아져서 80~90은 거뜬히 살다가 간다. 80~90은 결코 짧은 시간이 아니고, 무엇을 이룰려고 하면 크게 이룰 수 있는 긴 시간이다. 그간 10여 권의 책을 썼으니 나보다 못한 사람에 비하면 큰 성취가 된다. 나에게 남겨져 있는 시간이 얼마인지는 모르나 나에게 주어지는 귀한 선물이라고 생각하며 열심히 살고 있다.

늙었다 하여 먹고, 놀고, 자고를 반복하며 살면 하루가 지겹기 그지없을 것이다. 게다가 몸까지 부실(不實)하여 아파 누우면, 가족들에게 천덕꾸러기가 된다. 죽기 아니면 살기로 무엇이든 열심히 하며 살면, 병마의 침범도 늦출 수 있을 것이다. 그러다가 밤새 연고로 쓰러져 가면 고종명(考終命)의 호운(好運)을 누리고 간다 할 것이다.

시간은 한순간도 쉬는 일이 없이 영원히 흐른다. 이 세상에 영원한 것은 없지만, 오직 시간만이 영원히 흐른다. 그래서 세월 유장(歲月悠長)이요, 인생 유한(人生有限)이라 하였다.

젊은 사람들은 시간의 빠름을 감지하지 못하고 사니, 때로는 따분하고 지겨움을 느낄 것이다. 그러나 나처럼 나이가 들면, 시간의 흐름이 화살처럼 빠른 것을 느낀다. 무정 세월 약유파(若流波)라고 했다. 시간은 잠시의 멈춤이나 뒤돌아봄도 없이 흐른다. 잠깐만 멈추었다가라고 통사정을 해도 아무 소용이 없다. 참 무정하기 그지없는 것이 세월이다.

70세가 되면 70Km의 속도로 시간은 흐르고, 90세가 되면 90Km의 속도로 시간의 흐름을 느낀다. 흘러간 시간은 되돌릴 방법도 없고,

마치 바람에 날리듯 날아가 버린다.

젊었을 때 춘향전(春香傳)을 읽은 적이 있다. 이 도령이 암행 어사(暗行御使)가 되어 거지처럼 남루한 옷차림으로 나타났다. 춘향모(春香母) 월매(月梅)가 이런 거지에게 딸을 줄 수 없다는 눈치를 보이자, 이 도령이 필묵(筆墨)을 가져오게 하여 종이 위에 이렇게 썼다.

"하늘이 제아무리 높고, 땅이 제아무리 오래되었다 해도(天長地久) 끝 간 데가 있지만(有時盡), 오늘 밤 춘향이에 대한 나의 마음(사랑)은 면면히 이어져서(此恨綿綿) 끝 간 데가 없다."(無時盡)라고 썼다.

이 세상에 끝 간 데가 없는 것은 없다. 다 끝이 있는 것이다. 그러나 그의 사랑은 끝 간 데가 없고 하늘과 땅보다도 무궁하다 하였다. 진실한 사랑은 모든 것을 이기고 모든 것을 초극한다. 이 세상에 영원한 것은 없지만, 진실한 사랑은 이승을 넘어 영원까지 이어진다. 곧 뜨거워졌다 곧 식는 사랑은 하지 않음만 못하지만, 진실한 사랑은 죽음의 벽까지 헐어 영원히 흐른다. 우리가 사는 세상은 잠시 왔다 가는 세상이다. 서로 정들여 살고 사랑하며 살면, 이 세상은 참 아름답고 살기 좋은 세상이 될 것이다.

과거는 영원히 흘러가버린 시간이고, 미래는 서서히 우리에게 밀려온다. 오직 현재만이 우리가 살아야 할 시간이다. 인생의 실패자들은 현재의 시간을 잘못 산 사람들이다. 현재는 잘못 살아서는 안 되는 시간이다. 시간은 붙잡아 이용하는 자의 것이다. 시간을 얻는 자는 일체를 얻는다. 시간은 얻기는 어렵고 잃기는 쉽다. 지금 이 시간을 소중히 여기고 촌음(寸陰)을 아껴서 써야 한다.

시간을 낭비하는 것처럼 큰 죄는 없다. 늙었다 하여 취생 몽사(醉生夢死)해서는 안된다. 힘 있는 데까지 움직여 살고, 읽을거리가 있으면 찾아서 읽고, 손자들과 같이 힘겨루기라도 하고, 빗자루를 들고 쓰레기라도 치워보라. 그러면 가화(家和)가 넘쳐흐를 것이다.

세끼 밥 꼭 챙겨서 먹고, 몸도 깨끗이 씻어 몸에서 냄새가 나지 않게 하라. 몸에서 냄새가 나면 우선 노처부터 싫어하고, 손자가 용돈을 달라고 손도 내밀지 않을 것이다. 그런 처량한 신세가 되면 우울증이나 외로움에 빠져 세상 사는 맛을 잃는다.

영원히 살지 못함을 탄할 일이 아니요, 백구 과극의 짧은 세상이지만, 시간은 금이요(Time is gold.), 시간은 돈이다(Time is money.)라고 생각하고 열심히 그리고 힘차게 살다 갈 일이다.

길이 멀어야 나귀의 힘을 알고, 오래 사겨봐야 친구의 마음을 알 수 있다.(路遙知馬力, 日久見人心) 짧은 길을 통해 나귀의 힘을 알려고 하지 말고, 짧은 사귐으로 친구의 마음을 알려고 해서도 안된다. 틈새가 모여 먼 길이 되고, 먼 길이 모여 우리의 인생이 된다. 틈새가 잘못 이어졌다 해도 그때그때 고쳐 행하면 되레 더 튼튼한 길이 된다. 오랜 세월을 거치면서 뒹굴고 넘어지기를 거듭하다가 일어서서 진실하고 튼튼한 것이 되어 나타난다.

세상이 어찌나 빨리 변하던지, 아침에 셋이였던 것이 저녁에는 넷으로 변하고(朝三暮四), 아침에 내린 영(令)이 저녁 때에는 다른 영으로 바뀌어서 내려온다.(朝令暮改) 그러나 아무리 세상이 빠르게 변해도 절대로 변해서는 안될 원칙이 있다. 그것이 바로 다름아닌 정의와 진실이다. 정의와 진실은 만고의 진리이고, 정의와 진실을 통해 세상 모든 일은 이루어져야 한다. 잠시 왜곡될 수는 있어도 영원히 잘못되어서는 안된다.

10 세상 일에는 어둡기 그지없는 숙맥이다
백면 서생(白面書生)

백면(白面)**이란 얼굴빛이 하얀 것을 말하고, 서생**(書生)**이란 글방에서 글을 읽는 사람을 말한다. 세파**(世波)**에 시달리지 않으니 얼굴빛이 하얗고, 글만 읽으니 세상일에는 경험이 없는 것을 일러 하는 말이다.**

언젠가 이 말이 신문에 난 적이 있다. 집권당의 원내 대표가 야당의 원내 대표를 찾아가 상견례를 하면서, 당신은 정치 9단이지만 나는 백면 서생에 지나지 않으니 잘 부탁한다고 했다.

처음 상견례는 으레 선문답(禪問答)으로 아리송한 말을 하기도 하지만, 대개는 듣기 좋은 덕담으로 상대방의 마음을 연다. 대화의 문은 그렇게 열었지만, 대화가 본궤(本軌)에 들어서면 아무리 백면 서생이라 해도 그대로 있지 않는다. 여우가 범의 탈을 쓰고 상대방에게 덤벼들어 물어뜯는다.(狐假虎威)

이해(利害)가 엇갈리면 한 치의 양보도 없이 위세(威勢)를 부리며 싸운다. 상대방의 허점이 드러나면 가차 없이 덤벼들어 물어뜯는다. 이것이 그들의 생존이요, 전략이다. 여기에서 지면 그들은 공멸한다.

가공할 만큼 무섭고 냉엄한 세상이 곧 정치판이다.

정치는 생활이라고 한다. 정치가 우리 생활 속에 깊숙이 파고 들어와 우리를 마구 흔들어댄다. 때로는 감동시키고 때로는 실망시키기도 한다. 자기들이 하면 잘한다고 해서 맡겨주면, 잘하는 것이 아니라 만신 창이가 되어 내려온다.

정치는 생물이어서 잠시도 가만히 있지 않는다. 하루도 조용할 날이 없다. 상대방이 아무리 잘해도 잘한다 하지 않고, 자기들이 잘못한 것은 잘못했다 하지 않는다. 잘못을 호도(糊塗)하는 호도의 명수들이다. 정치는 이전 계투(泥田鷄鬪)의 혈전장(血戰場)이다. 두 마리의 닭이 뻘밭에서 물어뜯고 싸우는 혈전의 현장이다. 피를 보기 전에는 상대방의 목덜미를 놔주지 않는다.

나는 평생을 교육 성지(教育聖地)에서 살다가 나왔다. 말이 성지이지 그곳도 만만치 않은 곳이다. 고집 불통의 교수들과 같이 살아야 하고, 자기들 뜻대로 되지 않으면 아무에게나 덤벼든다. 그래도 그런 곳을 무풍 지대라 함은, 다른 곳과 비교해서 좀 더 안온(安溫)하다 함일 것이다.

그런 곳을 떠나 세상에 나온 지도 어언 15년이나 되었다. 그간 세상에 나와 살면서 나도 많이 변했다. 변했다기보다는 많이 단련되었다. 그래도 정치를 구경할 때엔 너무 가까이 해도 안 되고, 너무 멀리 해도 안 된다고 한다.(不可近 不可遠) 너무 가까이하다간 데어서 죽고 너무 멀리하다간 얼어서 죽는다. 그저 관전이나 할 셈 친다고 해도 결코 초연(超然)하게 되지 않는다. 관전의 거리를 잘못 잡으면 체열(體熱)의 냉온(冷溫)을 각오해야 한다. 체열이 오르면 심장의 박동 수가 올라가고, 너무 멀리하다간 무관심한 이단(異端)으로 낙인찍힌다.

그것이 지나치면 너는 어느 나라 사람이냐 할 것이다.

내 얼굴도 세파에 시달리다 보니 노쇠의 흔적이 역연하다. 어느 한 군 데 옛 모습 그대로 남아 있는 곳은 없다. 머리칼도 한때는 검고 무성했지만 지금은 이렇게 황량하다. 나도 모르게 세월의 바람이 하나씩 뽑아가더니 지금은 허허벌판이 되었다. 그나마 몇 개 남은 것도 하얀 민들레가 되었으니 세월은 그냥 흐르는 것이 아니다. 꼭 흔적을 남기며 흐른다. 얼굴에는 노태가 더덕더덕 끼었고 손가락도 갈퀴발처럼 앙상하다.

나는 지금은 분명 백면이 아니다. 세속의 때가 얼굴에 덕지덕지 끼어 있다. 옛날에 가지고 있었던 백면은 이제 많이 퇴색했다. 순백(純白)의 백면을 유지하며 살기란 참 어렵다. 세류(世流)에 휩쓸리면 사람의 하얀 얼굴도 그 본색이 닳아 다른 색이 채워진다.

서동(書童)처럼 늘 책을 읽는 일에만 몰두하는 일은 더더욱 어렵다. 서동처럼 맑고 깨끗한 마음을 유지하며 살려고 하지만 세상의 탁류(濁流)는 너무 거세다. 나도 가끔은 화도 내고, 거짓말도 하고, 세상적인 것에 분수를 잃고 휘청거릴 때가 많다. 세사(世事)에는 아직도 어두워 숙맥(菽麥)의 처지를 면치 못한다.

선거철이 돌아오면 정치판은 난장(亂場)판이 되어 시끄럽다. 상대방을 무너뜨리고 나서야 직성(直星)을 푼다. 부정과 비리가 난무하는 아수라장(阿修羅場)이 된다. 상대방의 결점이 나타나면 먹잇감을 좇는 야수처럼 덤벼들어 작살을 낸다. 상대방의 장점을 칭찬하는 일은 결코 하지 않는다. 남을 칭찬하면 내가 올라간다는 세상의 평범한 이치에는 눈이 어둡다. 남을 짓밟고 올라서는 것을 능사로 삼는다.

권력은 누리는 자리여서 서로 다투어 누리려 한다. 남의 것을 억지로라도 빼앗아 누리기를 좋아하는 것이 그들의 속성이다.

나는 남의 것을 넘보지 않고 사는 데서 기쁨과 행복을 느낀다. 남의 것을 빼앗아 내 것으로 삼는 것은 죽는 일 만큼이나 싫다. 그래서 나는 누리는 자리에는 한 번도 오르지 못했다. 그저 소박하고 정직하게 사는 데서 안심 입명(安心立命)을 느낀다. 없이 살아도 이웃을 넘보지 않고 사니 떳떳하다. 대의 명분(大義名分)을 위하는 일에 거짓과 협잡(挾雜)이 있어서는 안 된다. 거짓은 아무리 숨기려 해도 숨겨지지 않고, 아무리 감추려 해도 감춘 그대로 감춰지는 일은 없다. 모든 사람이 백면 서생으로 남아 살면 세상은 한결 좋아져서 살기 좋은 세상이 될 것이다.

세상이 마구 얽혀 쉼 없이 돌아간다. 난마(亂痲)처럼 얽혀 춤추며 돌아간다. 이렇게 되어가다간 어떻게 될지 걱정이 된다.

탐욕에서 근심이 생기고 두려움이 생긴다.(貪慾生憂 貪慾生畏) 바르게 취하고 바르게 쓰며 사는 데서 기쁨을 느껴야 한다. 보기에는 어수룩해 보여도 바른길을 찾아 사는 백면 서생이 좋다. 백면 서생의 길은 외롭지만 나를 편안케 하고 세상을 편안하게 한다.

권모 술수(權謀術數)가 아무리 좋다고 해도 세상을 오래 바꾸어 놓지는 못한다. 권좌(權座)가 아무리 좋다고 해도 십 년을 넘기지 못한다.(權不十年) 부질없이 헛된 것에 예각(銳角)을 세우지 말고 다소곳하고 알뜰한 것에서 세상사는 기쁨을 찾아야 한다.

제2부

빙의(憑依)는 무서운 마귀다

生年不滿百 常懷千歲憂

(생년불만백 상회천세우)

백년도 못살면서 늘 천년의 근심을 품고 산다

빙의(憑依)는 무서운 마귀다

빙의란 말은 참 어려운 말이다. 그 뜻을 아는 사람은 그렇게 많지가 않을 것이다. 나도 어느 모임에서 이 말을 처음 들었을 때 그 뜻을 모르고 들었다. 그 때 말한 분은 칠판에 써놓고 이야기하면서도 그 뜻을 이야기하지 않았다. 듣는 사람들이 상당한 수준에 이른 사람들이어서 그 뜻을 다 아는 것으로 생각하고 그랬던 것 같다.

말하는 내용의 전후를 맞추어 보아 대강의 뜻만을 어렴풋이 이해하고 들었다. 그렇다 해서 그 뜻을 물어볼 수도 없는 일이었다. 잘못하다간 나의 무식이 폭로될 수도 있어서 조심할 수 밖에 없었다. 그런 것도 모르는 사람이 어떻게 글을 쓰고, 학교에서 강의까지 했느냐고 하면 이보다 더 창피스러운 일도 없기 때문이다.

같이 들었던 사람들로부터도 아무런 질문 같은 것이 없었던 것을 보면, 그들 역시 나와 똑 같은 생각을 가지고 들었을 것이다.

하는 수없이 집으로 돌아와 사전을 찾아보니 빙의란 망상(妄想)의 하나라고 쓰여 있었다. 귀신 같은 것이 자기 몸에 들어와 자기의 정신세계를 교란시켜 전혀 다른 사람으로 만들어버리는 것이라고 했다.

계속해서 관심을 갖고 조사해 보니 불가(佛家)에서는 이미 묘 심화 스님이 '빙의'라는 책을 출간하여 세상에 내놓기도 했다.

미국의 정신 의학계에서는 이를 포제션(Possession)이라고 정의를 내린 것을 보면 이에 대한 연구가 상당히 진행되어 있는 것을 알 수가 있다.

포제션(Possession)이란 말은 '사로잡음'이란 뜻으로, 어떤 영혼이 내 몸에 들어와 나를 사로잡아 놔주지 않는 것을 말한다. 일단 이런 영혼에 사로잡히면 지금과는 전혀 다른 인격체로 변해서 그 영혼에 쫓기며 살아야 한다.

사람의 몸에 귀신이 들어오면 그 귀신에 사로잡혀 끌려 다녀야 한다. 우리가 흔히 말하는 집착(執着)이라는 말이 있다. 평범한 말 같지만 기실은 매우 무서운 말이다. 집착이 얼마나 무서운 말인지는 이에 걸려보지 않은 사람은 모를 것이다.

세상을 살면서 간혹 집착에 빠져 헤어나지 못하고 허덕이는 경우가 있다. 우울증에 걸리면 우울증 빙의에 걸리고, 자살 하려고 마음 먹으면 자살 빙의에 걸린다. 특히 밤이 무섭고, 밤새도록 한 잠도 이루지 못하고, 점점 강하게 죄어오는 집착의 고리에 걸려 시달리다 뜬 눈으로 밤을 지샌다. 그러다가 종래에는 이런 고리에서 헤어나지 못하고 자살하기도 한다.

남을 미워하게 되면 밤마다 증오의 칼날을 갈다가 종래에는 상대방을 죽이기도 한다.

내가 아는 한 젊은 여인은 이렇게 시달리다가 갔다. 남편이 다른 여인과 바람을 피우게 되자 가정은 점점 황량한 곳으로 변해갔다. 이 일이 오래 계속되자 사는 것이 무의미한 것을 느낀 이 여인은 우울증의 빙의에 걸리게 되었다. 친정 식구들이 이 사실을 알고 여러 가지 회유책을 써봤지만, 이미 삶의 초점을 잃은 뒤라 별무소용이었다.

현대의학에서 마음의 안정을 위한 처방전이 있다고는 해도 생을 포기한 사람들에게는 사후 약방문 격이나 다름이 없다.

그런 사람들 속에는 그들을 지배하는 무서운 마귀의 힘 같은 것이 들어 있어서, 그 힘의 지배에서 빠져나올 수가 없다. 그러다 보니 자기를 통제하는 통어능력이 마비되어, 될 대로 되라는 식의 자포 자기에 빠진다. 그러다가 음주나 마약 같은 것에 손을 대기도 하고, 그 길에서 헤어나지 못하고 종래에는 자기 파멸에 이르기도 한다.

미친 사람처럼 히죽히죽 웃기도 하고, 혼잣말로 무엇을 중얼거리기도 하고, 때로는 사소한 일로 화를 내기도 하고, 지나치면 분노 폭발에 이르기도 한다.

죽은 사람의 모습이 가끔 눈에 나타나기도 하고, 환각 증상이나 환청(幻聽) 현상이 나타나 그를 이상한 사람으로 만들어 버리기도 한다.

언젠가 퇴직 교수의 모임에서 수맥(水脈) 이야기가 나왔다. 수맥에 정통한 분이, 부모에게 효도하려면 부모님 묘에 수맥을 제거해 드려야 한다고 했다. 조상 묘 밑에 수맥이 흐르면 시신이 찬 수맥 위에 누워 있거나, 묘 안에 물이 차서 시신이 추위에 시달린다고 했다. 조상의 기(氣)와 자손의 기(氣)는 같은 기(氣)여서 이를 동기(同氣)라 하고, 기와 기가 서로 감응(感應)되어 나타나는 현상을 동기 감응(同氣感應)이라고 했다. 조상의 기가 손상을 입으면 그것이 곧 빙의가 되어 자손의 몸을 서서히 무너뜨린다는 것이었다.

자기가 사는 집이나 아파트에 수맥이 흐르면 빨리 차단하여 살면, 밤에 잠도 잘오고 건강도 좋아져서 하는 일도 잘 될 것이라 했다. 수맥에 관해 할 말이 많지만 이 정도로 하는 것이 좋을 것 같다.

사람처럼 이상한 동물도 없는 것 같다. 옛날부터 전해오는 말 중에, 사다리 밑을 지나가면 그날 운수가 나쁘고, 방안에서 우산을 펴면 그날 운수가 나쁘다고 했다. 마늘을 찧어서 목에 붙이면 감기가 떨어지고, 유리병을 뜨겁게 달구어 환자의 가슴에 대면 병이 낫는다고 했다. 네잎 클로버를 보면 행운이 찾아오고, 아침에 까마귀 울음소리를 들으면 불길한 일이 생기고, 까치가 울면 기분이 좋아 하루 일이 잘 된다고 했다. 아침에 천정에서 거미가 내려오면 반가운 손님이 찾아오고, 운동 선수가 시합 전에 수염을 깎으면 시합에 지고, 손톱과 발톱을 대낮에 깎으면 무슨 일이 일어난다고 했다. 이런 이상한 생각에 매여 이에서 벗어나지 못하고 그대로 믿으며 산다. 이런 생각들이 부모에게서 굳어지면 자식들도 그대로 믿으며 살고, 손자들 또한 그대로 믿으며 산다.

우산을 방안에서 펴거나, 사다리 밑을 자기도 모르게 우연히 지나갔다고 하면, 그날은 온 종일 불안한 가운데서 산다. 별 탈없이 그날 하루가 지나가면 운이 좋아 그랬다며 안심을 하지만, 만에 하나 무슨 일이라도 일어나면 그 일과 연관시켜 이런 저런 생각을 하게 된다. 평생을 이런 생각에 매여 살면 이것 또한 작은 빙의가 마음 속에서 그 사람을 사로잡고 있기 때문이라 할 것이다.

잠을 잘 때 꿈 속에서 괴물을 만나 몸을 제대로 놀리지도 못하고 죽을 고생을 하다가, 깨어보니 꿈이었던 경험은 누구나 있다. 이런 것을 일러 가위눌림이라고 한다.

빙의에 걸리면 가위눌림에 눌린 것처럼 답답하기 이를 데 없다. 사람이 일단 빙의에 걸리면 영적인 장애 증상이 일어나 영적으로 무척 시달리며 산다. 그러다가 우울증에라도 걸리면 한없이 시달리다가 종래에는 간다.

부모님이 갑자기 세상을 떠난다든지, 의사로부터 중병 선고를 받았다든지, 직장을 잃어 거리를 헤맨다든지, 사업에 실패하여 먹고 살기가 힘들다든지, 학교 점수가 날로 떨어져 미래에 대한 희망이 없다든지, 친구들로부터 왕따를 당해 학교 가기가 무섭다든지 등등 예상치 못한 일이 일어나서 우리를 힘들게 한다.

따지고 보면 빙의란 별 것이 아니다. 빙의에 걸릴 가능성은 누구에게나 있지만, 마음먹기에 따라 허망한 신기루가 되기도 하고, 나에게 달라붙어 나를 힘들게 하는 마귀가 되기도 한다.

빙의에 걸렸다 싶으면 밖으로 나와 심호흡을 크게 하고 힘차게 걸어보라. 그래도 안되면 "나는 빙의에 걸렸다. 이놈과 싸워 이겨야 한다. 네가 죽나 내가 죽나 한번 겨뤄보자."라고 해보라. 그래도 안되면 방성 대곡(放聲大哭)으로 한 바탕 실컷 울어보라. 그리고 "나는 절대로 죽지 않는다."고 해보라. 생명은 소중하다. 희망과 용기를 가지고 환각의 껍데기에서 벗어나라. 절망의 늪을 떨쳐버리고 의연하고 당당하게 걸어보라. 그러면 하늘이 파랗게 트여 보이고 마음에 평정과 평화를 얻어 살 것이다.

세상 일체는 마음의 짓는 바에 따라 달라진다. 마음 먹기에 따라 악마가 천사가 되고, 천사가 또 악마가 된다. 지옥이 천국이 되고, 천국이 지옥이 되기도 한다. 희망이 절망이 되기도 하고 절망이 희망이 되어 나타난다.

인생을 목표도 없는 무가치한 것이라고 생각마라. 잠시 흔들릴 수는 있어도 영원히 흔들려서는 안된다. 가족을 사랑하고 이웃과 연대

하여 살면 막힌 길도 트이고 불가능하다고 생각했던 일도 잘 트여 보일 것이다.

버트런드 러셀은 그의 '행복론'에서 체념(Resignation)이 행복의 지름길이라고 했다. 안되겠다 싶으면 빨리 체념하라고 했다. 점수가 낮은 것에 한탄하지 말고 빨리 잊고 다른 길을 찾아야 한다. 계속 그 일로 고심하다가 우울증에 걸려 아파트에서 뛰어내리는 우(遇)를 범해서는 안된다.

빙의의 본체는 희미한 환각증상이다. 환각증상도 오래 계속되면 빠져나오기가 힘들다. 이놈에게 걸렸다 싶으면 단호하고 명쾌한 결단으로 맞서 싸워 이겨야 한다.

11 사람의 마음처럼 변하기 쉬운 것은 없다
동가식 서가숙(東家食西家宿)

밥은 동쪽 집에서 먹고 잠은 서쪽 집에 가서 잔다는 뜻으로, 떠돌아 다니며 먹고 지내는 사람을 말한다. 걸인이나 방랑객은 거처가 일정치 않아 쓰러져 눕는 곳이 자기 집이요, 아무 데나 가서 구걸하여 먹으면, 그것이 곧 그들이 먹는 밥이다. 얼른 생각하면 그렇게도 생각되지만, 지조(志操) 없이 이리저리 옮겨 다니는 사람들을 일러 하는 말이다.

밥은 큰 부인의 집에서 먹고 잠은 작은 부인의 집에 가서 자는 사람들도 많다. 큰 부인으로서는 참 속상할 일이고 당해내기 어려운 일이다. 여자들 중에도 그런 사람이 있는지는 모르겠으나, 그런 여인이 있다면 참 잘못하고 있는 것이다.

친구들 중에도 그런 사람이 꽤 많다. 잠시 사귀다가 싫증이 나면 다른 친구에게 달라붙어 알랑거리며 사는 사람들도 있다.

바다보다 더 넓은 것은 하늘이고 하늘보다 더 넓은 것은 사람의 마음이다. 그러나 사람의 마음처럼 변화 무쌍한 것도 없어서, 이게 사람인가 싶을 때가 있다. 신(神)과 악마(惡魔)가 편을 갈라 싸우는 곳이 마음이다. 신처럼 무소불위(無所不爲)의 행세를 선하게 하다가도 곧 악마로 돌변해서 마음 속을 휘젓는다. 한때 착하고 예쁘게만 보이던 아내를 팽개치고, 다른 여인에게로 가서 맛 들이고 살면, 동가식 서가숙 하며 사는 사람이 된다.

요즘 정치하는 양반들 중에는 그런 분이 가끔 있다. 불가피하게 한두 번이면 몰라도, 이를 다반사(茶飯事)로 하면 철새 정치인이라는 딱지를 붙여 하대(下待)한다. 지조를 지키며 사는 것을 지상 명령(至上命令)으로 삼고, 일편 단심(一片丹心) 변함없이 사는 데서 기쁨과 행복을 느껴야 한다.

옛말에 나귀는 샌님만 섬긴다는 말이 있다. 보잘것없는 사람도 제가 지닌 지조는 꼭 지키며 산다는 뜻이다. 농촌 필부(農村匹夫)는 농사짓는 일을 천업(天業)처럼 귀하게 여기며 산다. 평생을 그렇게 살아도 불평 한마디 없이 산다. 거센 비바람이 곡식을 휩쓸어버려도, 하늘을 이길 자는 없다 하며 하늘에 순응하며 산다.

남편이 쭈그러져 앙상한 흉물처럼 보여도 남편을 하늘처럼 받들며 살고, 남편 또한 아내 사랑하기를 하늘만큼이나 사랑하며 산다. 허리가 새우등처럼 휘어 구부러지고, 손가락이 갈퀴발처럼 앙상해도 서로 믿고 의지하며 산다. 지개(志槪)가 굳은 사람은 세풍(世風)이 아무리 거세도 끄떡도 하지 않고, 재물의 어떤 유혹에도 마음을 팔지 않는다.

잠시 쉬어가기 위하여 시조 한 수 읊고 가자.

수양산 바라보며 이제(夷齊)를 한하노라
주려 죽을진들 채미(採薇)를 하는 것가
비록에 푸새엣 것인들 그 뉘 땅에 났더니(成三問)

수양산을 바라보며 은나라 충신 백이와 숙제를 원망하노라. 굶어 죽을지언정 고사리를 캐서 먹는단 말인가. 그 고사리가 아무리 하찮은 푸성귀라 하더라도 그것이 누구의 땅에 나 있는 것이란 말인가. 그것 역시 주나라 땅에 나 있는 것이 아닌가.

중국의 주(周)나라에 무왕(武王)이라는 왕이 있었다. 그 왕이 은나라 왕을 무찌르자 천하가 모두 무왕을 섬겼다. 그러나 은나라 백성이었던 백이와 숙제(이제)는, 그 일을 부끄럽게 생각하고, 더 이상 주나라 곡식을 먹을 수가 없어서 수양산(首陽山)에 들어가 고사리를 캐 먹고 살았다. 그러다가 주려 죽었다는 고사를 시로 읊은 것이다. 작가인 성 삼문은 수양대군에 맞서 싸우다가 목숨을 바친 사람이었으니 이런 시조를 쓸 만도 하다.

기왕 내친 김에 한 수 더 읊고 가자.

> 이 몸이 죽어가서 무엇이 될고 하니
> 봉래산 제일봉에 낙락장송 되었다가
> 백설이 만건곤(滿乾坤)할제 독야청청하리라.

내가 죽으면 무엇이 될 것인가 하면, 봉래산(금강산의 여름 이름) 제일봉에 정정하게 서 있는 소나무가 되었다가, 하얀 눈이 천지에 가득할 때 (만건곤), 나 혼자 청청하게 서서 절개를 지키며 살겠다는 뜻이다.

성 삼문이 사육신(死六臣)의 한 사람으로 모진 고문을 받고 처형장으로 끌려갈 때 불렀다는 시조다. 단종 임금에 대한 불타는 충성을 읊은 시조다. 죽음 앞에서도 굴하지 않고 꿋꿋한 충절을 나타내는 시조다. 두고두고 읽는 이의 심금을 울리게 한다.

무슨 일이든 정해지기 전에는 생각이 흔들릴 수도 있으나, 그 생각이 정해지면 초지 일관(初志一貫) 변해서는 안 된다. 아내도 내 아내로 정해지면 그 인연에 감사하고 백년 해로하며 살아야 한다. 그래서 옛말에 조강지처(糟糠之妻)는 불하당(不下堂)이라 하였고, 빈천지교(貧賤之交)는 불가망(不可忘)이라 하지 않았던가.

바람이 세차면 모든 풀이 꺾이지만, 그중에 꼿꼿이 서 있는 풀이 있다면, 그 풀이 얼마나 굳센가를 알 수 있다(疾風知勁草).

간난(艱難)을 만나야 비로소 절조(節操)의 굳셈을 안다. 평소에 마음의 지조를 세워 사는 일에 힘쓰면, 동가식 서가숙의 우(愚)를 범하지 않고 살 수 있을 것이다.

사람의 마음처럼 변하기 쉬운 것은 없다. 하루에도 수 차례씩 변하기를 거듭하며 산다. 열 번 찍으면 큰 나무도 무너진다는(十伐之木) 말까지 나왔다. 아무리 마음이 굳은 사람도 이리저리 궁리를 하며 어렵게 그 마음을 지키며 산다. 마음 지키기처럼 어려운 것이 없지만, 마음을 잘 지키며 사는 기쁨만큼 큰 기쁨도 없을 것이다.

12 여우가 부리는 호랑이의 위세
호가 호위(狐假虎威)

호가란 여우가 가짜 차림을 하는 것을 말하고, 호위란 호랑이의 위세를 부리는 것을 말한다. 여우가 호랑이의 위세를 빌려 다른 짐승을 놀라게 하듯, 사람이 남의 권세를 빌려 위세를 부린다 하여 이를 비유적으로 표현한 말이다.

원래 여우란 동물은 교활하기 그지없는 동물로 위장술에 능하다. 사람들 중에도 여우처럼 위장술에 능해, 힘센 사람의 탈을 쓰고 나타나 위세를 부리는 사람들이 많다. 그러다가 들통이 나면 후회를 하지만, 후회는 이미 늦은 것을 느낀다.

권력 자체가 나쁜 것은 아니다. 잘만 행사하면 선(善)이 되지만, 잘못 행사하면 큰 악이 되어, 때로는 사람을 죽이고 나랏일을 망친다. 권력보다 무서운 것은 없다. 한 번 맛을 들이면 좀처럼 놓지를 않고 버틴다. 그러다가 종래에는 비참한 종말을 맞는다. 때가 되면 기탄없이 털고 내려오는 결단과 용기를 가져야 한다.

국태 민안(國泰民安)의 길도 좋은 권력자에게서 나오고, 온 백성이 하나가 되어 태평 성대(太平聖代)를 이루는 것도 좋은 권력자에게서 나온다. 그러나 권력자가 바르지 못하면 권력을 잡는 순간 타락의 길에 들어선다. 권력자가 타락하면 무제한의 권력을 휘둘러 지배자로 전락한다.

좋은 것일수록 그것이 끝나면 그 뒤가 허망하다. 권력이 끝나면 허탈하기 그지없고, 꽃도 시들면 봉접(蜂蝶)도 날아들지 않는다. 좋은 것이라 하여 오래 지속되는 것은 아니다. 좋다는 권력도 오래 지속되면 추해지고, 꽃이 아름답다 해도 십 일이 넘으면 추해진다. 그런 권력에 달라붙어 오랜 위세를 부리다가 철퇴(鐵槌)를 맞고 눈물을 흘린다.

권력자의 그늘엔 쇠파리떼들이 득실거리지만, 권력의 사슬이 끊어지면 그들은 오고 갈 데가 없다. 위장은 잠시 감춰질 뿐이고 오래 감춰지는 일은 없다. 여우가 제아무리 호랑이 시늉을 잘 낸다 해도 본색은 쉬 드러난다.

이 세상의 많은 동물 중에 사람보다 더 거짓말을 잘하는 동물은 없다. 동물은 본능으로 살아가지만, 사람은 지성(知性)으로 살아가기 때문이다. 동물이 그들의 행위에 거짓이 없는 것은 육체적 본능으로 살아가기 때문이다. 그러나 인간에게는 고도로 발달한 지능이라는 것이 있어서 허위와 거짓이 많다. 그 허위와 거짓의 탈을 쓰고 권력에 아부하며 위세를 부린다.

허위의 탈속에 오래 숨겨져 있기를 바라지만 세상이 그들을 가만 놔두지 않는다. 허위의 탈이 벗겨지는 날 진실은 아름다운 차림으로 나타난다. 한때는 불리하고 비참하더라도 그것을 참고 견디면, 대명천지(大明天地) 밝은 세상에서 행복을 누리며 살 것이다.

허위의 옷이 두껍다 하여 추운 겨울이 따듯한 것은 아니다. 허위의 옷을 한 겹 한 겹 벗기면 되레 겨울은 따뜻하고 편해 좋을 것이다. 세상이 어렵다 하여 이 어려운 세상을 이기려고 허위의 가면을 맞추어 쓰지 마라. 따뜻한 봄이라 하여 이 가면을 벗기는 것은 아니다. 내가 입은 옷이 허위의 탈이거든 설한풍(雪寒風)을 상관 말고 기탄없이 벗어야 한다.

세상도 힘이 난무(亂舞)하고 학원(學園)도 힘이 난무한다. 나 같은 늙은이가 옛날의 기개(氣槪)를 발휘하려다간 테러를 당한다. 젊은이들이 별짓을 해도 아무 말도 못 하고, 손자뻘 되는 놈들이 담배를 뻐금뻐금 피워도 아무 말을 못한다. 잘못 건드렸다간 무슨 일이 일어날지 겁이 난다. 세상이야 어찌 되던 마음 편한 것을 지복(至福)으로 삼는다.

힘센 자들이 지배하는 세상이 될까 두렵다. 약육 강식(弱肉强食) 우승 열패(優勝劣敗)의 세상이 될까 두렵고, 정글 속의 동물 시대가 올까 두렵다. 나의 맨주먹으로 흐르는 강물을 막지 못함을 탄(歎)할 뿐이다.

기운이 세면 소가 왕노릇한다는 말이 있다. 그러나 세상은 그것을 그대로 놔두지 않는다. 정의가 밑받침되지 않는 힘은 오래가지 못한다. 정의만이 세상을 지키고 만인을 편안하게 한다. 힘센 사람을 등에 업고 위세를 부리지 마라. 힘을 잘못 부리다간 너도 죽고 나도 죽는다.

만인이 평등하고 서로 존중하고 도우며 사는 세상이 곧 우리가 추구해야 할 영원한 세상이다. 집권자의 위세를 빌려 돈을 뜯으려 하지 말고, 꿀단지의 꿀맛에 맛을 들이려다가 꿀단지에 빠져 죽는다. 옥문이 입을 크게 벌리고 기다리는 것을 어찌 모르는가.

"나이 먹은 여우는 덫에 걸리지 않는다"는 말이 있다. 사람들 중에 꾀가 많고 간사한 사람이 있으면, 여우 같은 놈이라고 폄하(貶下)하여 말한다. 어느날 굶주린 여우가 포도밭을 지나다가 탐스런 포도를 발견한다. 그 포도를 따먹으려고 몇 차례 시도해봤지만 불가능했다. 그러자 하는 말이, "그까짓 포도 따위는 안먹어도 되지 뭐, 벌레가 먹고 시어서 먹을 수가 있어야지!"라고 말하고 포도 따먹기를 포기한다.

이상의 이야기는 이솝 우화집에 나오는 이야기다. 여우처럼 자기 합리화에 능하고 위장술에 능한 동물은 없다. 여우의 위장술은 거의 전능적이어서 속지 않을 자는 거의 없다. 이 세상에 영원히 감추어지는 것은 없어서, 곧 들통이 나면 족쇄를 차고 들어가, 그 어두운 곳에서 한 세상 살다 나와야 한다.

호가 호위는 해서는 안될 나쁜 짓이다. 정직하고 바르게 사는데서 기쁨과 행복을 누려야 한다. 아무리 좋은 것도 내 것이 아니면 나를 오래 지켜주지 못한다. 별 것이 아닌 것처럼 보여도 진실한 것이면 알뜰하고 좋은 것이다. 분수에 맞게 사는데서 세상 사는 기쁨과 행복을 누릴 일이다.

13 서로 더 낫고 못함이 없는 위세
호각 지세(互角之勢)

호각이란 소의 양쪽 뿔의 길이나 크기가 똑같다는 뜻이다. **호각지세란 소의 양쪽 뿔이 똑 같듯, 어느 한쪽의 위세(威勢)가 다른 한쪽의 위세보다 더 낫거나 못하지 아니함을 나타내는 말이다.**

두 뿔의 크기도 같고 힘도 같을 때에는, 두 뿔이 아무리 힘겨루기를 해도 승부는 나지 않는다. 두 팀의 선수들이 아무리 시합을 해도 승부가 나지 않으면, 호각지세의 긴장은 오래 계속 된다. 세상에 이보다 더 피곤하고 지루할 일은 없지만 그래도 어쩔 수가 없다. 그러나 무슨 시합이던 이기고 지는 일이 번갈아서 일어나야 재미있는 시합이 된다.

용호 상박(龍虎相搏)이라는 말이 있다. 용과 범이 서로 치열하게 싸우는 것을 말한다. 힘센 두 영웅이 서로 힘겨루기를 하며 싸우는 것과도 같다 하여 양웅 상쟁(兩雄相爭)이라고도 한다. 항우와 유방이 팔 년 동안이나 싸움을 계속하였다 하여 이를 팔년 병화(八年兵火)라고도 한다. 팔 년 동안에 양쪽의 백성이 얼마나 많이 시달렸는지는 알만도 하다.

프랑스 안에 영토를 가지고 있었던 영국이, 프랑스를 침범하여 벌인 전쟁이 100년 동안이나 계속되었다 하여 이를 100년 전쟁이라고 한다. 이기고 지고를 반복하다가 잔 다르크의 활약으로 프랑스가 영토를 차지한 전쟁이다.

왕위 쟁탈전으로 영국의 장미 전쟁 또한 30년이나 계속되었다. 영국의 두 명문가가 한 쪽은 붉은 장미, 다른 한 쪽은 흰 장미의 휘장(徽章)을 달고 싸웠다. 랭커스터가(家)가 요크가에 승리하여 전쟁은 드디어 끝났다. 그 외 많은 전쟁 이야기가 있지만, 이 정도로 약기하겠다.

두꺼비 싸움은 누가 이길지는 모른다는 말이 있다. 서로 다투지마는 승부의 결말이 나지 않을 때 쓰는 말이다. 장기를 둘 때 양편의 정도가 엇비슷하여 승부의 결말이 나지 않을 때에는, 멍군이야 장군이야 라는 말로 호각지세를 나타낸다.

양쪽의 힘이 엇비슷할 때에는 죽기 아니면 살기로 싸운다. 마지막 운명을 걸고 승부를 겨룬다면 건곤 일척(乾坤一擲)이라는 말로 표현하기도 한다.

승부의 세계에서는 상대방을 알고 나를 알면(知彼知己) 백전 백승(百戰百勝)한다고 한다. 상대방의 힘을 알면 과감히 공격해야 하지만, 알지 못하면서도 공격하다가는 필패(必敗)를 면치 못한다.

양쪽의 힘이 호각지세일 때는 전쟁은 일어나지 않고 평화가 유지된다. 호각지세의 균형이 깨질 때 전쟁은 일어난다. 스포츠에도 승패가 있고 전쟁에도 승패가 있다. 전쟁에서 이기고자 하면 전쟁 대비를 평소에 잘 해놔야 한다.

손자(孫子)는 그의 병법에서 싸움을 잘하는 자는 먼저 적이 이길 수 없도록 준비해야 한다고 했다. 유비 무환(有備無患)이라는 말도 그래서 나온 말이다. 적과 싸워 이길 수 있는 기회를 기다려야 하고, 힘이 있다 해서 아무 때나 덤비는 것은 무모한 일이다.

학창 시절에 1, 2등을 계속 유지했다면 그것 또한 호각지세를 유지하며 산 것이 된다. 1등은 2등을 경계하고 2등이 1등을 제치고 올라갔을 때의 쾌감은 일시적이고, 되레 더 많은 경계심을 가지고 살아야 한다. 우리 인간은 이런 호각지세의 경쟁 속에서 살다가 간다.

선과 악은 상대적 개념이다. 양자는 우리의 마음속에서 호각지세를 이루어 경쟁하며 산다. 악은 선이 무너지기를 기다리고 있다가, 틈새를 노려 선을 무너뜨린다. 선악 간의 이런 싸움은 평생을 통해 간단(間斷)없이 이루어진다.

희망과 절망도 상대적 개념이다. 희망을 품고 살다가도 갑자기 절망하고, 절망에 빠져 허덕이다가도 희망을 얻어 산다. 서로 앞서려고 잠시의 경계를 늦추지 않고 싸움은 계속된다. 앞서기도 하고 뒷서기도 하며 세상일은 끊임 없이 계속된다.(差先差後)

이 세상은 경쟁의 시대다. 서로 경쟁하다가 공멸하는 때도 있다. 남과 북이 세력 균형을 유지하는 것도 호각지세의 한 현상이다. 호각지세의 균형이 깨질 때 전쟁은 일어난다. 호각지세는 양자 간의 힘의 균형이 유지되는 관계이다.

우리 몸의 모든 세포도 균형이 유지될 때 건강한 몸이 된다. 세포 간의 균형이 깨질 때 병이 생겨 드러눕는다. 남편과 아내가 호각지세를 이루어 오래 싸우다가는 집안은 곧 거덜난다. 친구지간은 물론 동기간에도 이런 일이 일어나니 조심하며 살 일이다.

호각지세란 말은 그렇게 좋은 말은 아니다. 호각지세가 되어 싸우겠다 싶으면, 잠시 선의의 후퇴를 해서 기다리는 것이 좋다.

살고 있는 것은 싸우고 있는 것이다. 생존이란 때로는 죽느냐 사느냐의 투쟁이다. 적합하지 않는 자는 죽고 적합한 자만이 살아남는다. 기는 놈은 나는 놈을 당하지 못하고, 느린 자는 빠른 자를 당하지 못한다. 남과의 싸움에서 이기는 자가 아니고, 자기와의 싸움에서 이기는 자가, 남을 미워하지 않는 진짜 이기는 자가 된다.

힘으로 겨루는 호각지세가 아니고, 서로 마음으로 받쳐주어 균형과 평화를 이루는 호각지세가 되어야 한다. 아내가 힘들 때 남편이 도와주고, 남편이 힘들 때 아내가 도와주면 해로 동락(偕老同樂)의 좋은 부부가 된다. 힘의 위세로는 아내는 남편을 당하지 못하지만, 마음으로 서로 받쳐주어 호애(互愛)를 이루어 살면, 영원히 흔들리지 않는 좋은 가정이 된다.

옛말에 상하동욕자승(上下同欲者勝)이란 말이 있다. 상하가 서로 한 마음이 되어 도우면 어려운 전쟁도 필승의 기쁨을 누린다는 뜻이다. 머리가 힘들 때 꼬리가 와서 도와주고, 꼬리가 힘들 때 머리가 와서 도와주면 상하가 하나의 힘으로 뭉쳐져서 필승을 거둔다는 뜻이다.(손자병법) 힘의 위세로 겨루는 호각지세가 아니고, 마음으로 서로 받쳐주어 호각지세를 이루어 하나가 되는 세상이 되기를 기원하면서 이만 줄인다.

14 남의 시체를 꺼내 목을 자름
부관 참시(剖棺斬屍)

부관이란 관을 쪼개거나 깨뜨리는 것을 말하고, **참시**란 시체를 칼로 베거나 목을 자르는 것을 말한다. **부관 참시**란 무덤을 파고 관을 꺼내어 시체를 칼로 베거나 목을 잘라 거리에 내 거는 것을 말한다. 사람이 죽은 뒤에 큰 죄가 드러나면 극형(極刑)을 추시(追施)한 데서 비롯된 제도이다.

옛날 어느 때에 이런 제도가 있었는지는 나의 짧은 지식으로는 알 길이 없다. 그러나저러나 사람처럼 잔인한 동물도 없다. 남의 무덤을 여는 일이 쉬운 일이 아니고, 게다가 그 무덤 속의 시체를 꺼내어 분풀이를 하는 것은 잔인하기 그지 없는 일이다. 아무리 큰 죄를 저질렀다 해도 죽은 시체에 맺힌 한을 풀고자 하는 것은 극악(極惡)하기 그지없는 일이다.

지금 우리나라에서는 대선(大選)이 한참 진행되고 있다. 양쪽 진영이 사생 결단(死生決斷)의 기세로 상대방을 무너뜨리려고 한다. 앞뒤 가리지 않고 막말이 쏟아져 나오고, 서로의 말꼬리를 놓치지 않고 달라붙어 싸운다. 한 쪽에서 전직 대통령의 죽음을 들추어 올리자, 다른 한 쪽에서는 부관 참시하지 말라고 호되게 맞받는다.

어느 지인에게 부관 참시란 말이 무슨 뜻인지 혹시 아느냐고 물었더니 얼버무리는 것 같았다. 그래서 힘을 얻어 이 제목으로 글을 쓰는 영광을 누리게 되었다.

사람이 죄를 지으면 죽기 전에 죗값을 치르고 간다. 그 죄가 죽은 다음에 나타났다 하여 부관 참시하는 것은, 아무리 중죄라 해도 해서는 안된다. 이미 유명(幽明)을 달리한 사람의 시체를 꺼내어 목을 베는 일은 극악 무도한 짓이다. 죽은 본인은 물론 가족들에게도 큰 치욕이요 불명예이기 때문이다. 하여튼 죽은 뒤에 이런 가혹한 후환(後患)을 면코자 하면 살아생전에 바르게 살아야 한다.

남을 죽이는 일은 생명을 경시하는 데서 비롯된다. 내 생명이 중요하면 남의 생명은 더 중요하다. 죄를 지으면 그 죄가 감추어지는 일은 결코 없고, 언젠가는 드러나 세상을 놀라게 한다.

세상을 살되 바르게 살아야 한다. 오래 사는 것이 중요한 것이 아니요 바르게 사는 것이 중요하다. 생명의 길고 짧음은 하늘에 맡기고 부끄럼 없이 살다 가야 한다. 남을 원망하면 그 원망함이 나에게로 돌아오고, 남을 미워하면 그 미워함이 나에게로 돌아온다.(怨憎悔苦)

이 세상에서 사는 기쁨보다 더 큰 기쁨은 없다. 생의 의미를 알고 살면 그보다 더 큰 기쁨은 없다. 바르게 산 자들만이 행복을 누리는 세상이 되어야 한다. 이렇게 좋은 세상에서 남을 괴롭히는 일이나 힘들게 하는 일을 해서는 안된다. 남과 더불어 즐겁게 사는 데서 기쁨과 행복을 누려야 한다.

아무리 미워도 용서하면 내 마음이 편하여 좋다. 남을 용서하면 나도 언젠가는 용서받아 산다. 용서하고 다 잊으면 미움도 괴로움도 다 잊혀진다. 용서하는 것이 안되면 억지로라도 그 악을 잊으라 한다. 잊는 것보다 더 좋은 처방은 없기 때문이다.

통치자가 그의 가족의 비리 때문에 이승의 인연을 스스로 끊었다면 그것으로 이미 속죄(贖罪)를 받은 것이다. 자기 목숨을 스스로 단절하는 일은 이 세상에서 가장 어려운 일이기 때문이다.

이미 죽은 사람을 건드려서는 안 된다. 수(壽)가 다하여 죽었든 잘못을 저지르고 죽었든 그 사람은 이미 이 세상 사람이 아니다. 아무리 뼈에 사무치게 미워도 묘를 파서 참시하는 일은 없어야 한다. 죽은 자는 말이 없다 하였듯이 말 없이 누워있는 자를 건드려서는 안 된다. 죽은 자의 일은 죽은 자가 책임지게 해야 한다. 죽은 자를 말로라도 욕되게 하면 두 번 살인하는 것이 된다.

다음 채근담(菜根譚)의 말을 음미해보자.

> "남의 허물을 용서할 것이로되 자기의 허물은 용서해서는 안 된다. 나의 곤욕(困辱)은 참을 것이로되 남의 곤욕은 참지 못할 것이니라."

내가 잘못을 저질렀으면 용서를 빌어야 한다. 옛말에 귀신도 빌면 듣는다 하였거니와, 용서를 구하면 용서를 해줘서 마음 편히 살 수 있게 해야 한다. 그러면 두 사람 간의 관계는 전보다는 훨씬 더 좋아져서 보기 좋은 사이가 되어 살 것이다.

부관 참시의 근원은 증오심에서 비롯된다. 인간에게 증오심이 없으면 그런 일은 결코 일어나지 않을 것이다. 고부간의 갈등이나 견원지간(犬猿之間)의 갈등은 숙명적인 앙숙(怏宿)의 관계에서 일어난다.

그러나 사랑은 미움을 숨긴다(Love hides ugliness.)는 말이 있고, 또 증오는 사랑과 근원을 같이 한다는 말이 있다. 시부모가 미워서 빨리 죽으라고 혹언(酷言)을 했다가도 막상 그분들이 죽고나면, 그 지독한 증오심이 그리움으로 변해 나타난다.

사랑과 증오심은 손바닥의 앞뒤와도 같아서, 절대 변할 것 같지 않던 증오심이 사랑으로 변해 나타나기도 한다. 서로 입장을 바꾸어 잠시 생각해보면, 부관 참시와 같은 가혹한 일은 결코 일어나지 않을 것이다.

부관 참시보다 더 극악한 짓은 없다. 극악한 행위는 극악으로 보응을 받는다. 하늘은 극악한 자를 그냥 놔두지 않는다. 극악자는 종래에는 파멸하여 회한(悔恨)의 뜨거운 논물을 흘릴 것이다.

용서하는 것보다 더 잘하는 일은 없지만, 잊는 것은 더욱 잘하는 일이다. 사랑하는 자만이 용서하고, 용서한 자만이 용서받고 산다. 용서는 사람을 변화 시키고 용서받은 자를 감사한 마음으로 살게 한다.

15 너무 가까워도 안되고 멀어도 안된다
불가근 불가원(不可近不可遠)

불가근 불가원이라는 말은 가까이할 수도 없고 멀리할 수도 없다는 뜻이다. 적당한 거리를 유지하며 사는 것이, 한 쪽으로 치우치지 않고 바르게 사는 것이 된다. 그러나 그렇게 하며 살기가 얼마나 어려운지는 만인이 잘 아는 일이다.

사람처럼 간사한 동물도 없어서 호불호(好不好)에 아주 민감하다. 서로 잘 지내다가도 적은 이해관계에 얽히면 곧 뿌리치고 돌아선다. 그렇게 서로 소원(疎遠)하게 지내다가도 조금만 잘해주면 이쪽으로 돌아서서 시시덕거리며 달라 붙는다. 술로 맺어진 친구는 술이 떨어지면 끝나고, 돈으로 맺어진 친구는 돈이 떨어지면 끝난다. 친구 사이도 너무 가까이 지내면 쉬 싫증이 나고, 애인도 교태(嬌態)가 지나치면 정이 떨어져 그 관계가 멀어진다. 아내의 아양도 그 정도가 지나치면 필시 무슨 곡절이 있는 것이고, 아내가 맵시 부리기를 지나치게 하면 필연 무슨 곡절이 있나 알아보아야 한다. 뭐든지 너무 가까이 하면 지나치기가 쉽고, 너무 멀리하면 그 사이가 소원(疏遠)해져서 단절하기에 이른다.

칭찬도 적당해야 듣기가 좋고 너무 지나치면 듣기가 싫다. 자기 자신을 칭찬하는 것을 자화 자찬(自畵自讚)이라 하거니와, 그것도 지나치면 되레 추하여 듣기가 싫다. 세상 모든 것이 적당히 하면 아름답게 보이지만, 지나치면 화(禍)를 불러일으킨다.

Keller(Gottfried)라는 스위스의 한 소설가가 술집에서 자기 친구와 같이 술을 마시고 있었다. 그때 어떤 스위스 사람이 켈러의 시를 극찬(極讚)하면서 아양을 떨자, 켈러는 아무 대꾸도 하지 않고 자리를 떴다. 칭찬하던 자가 싫어하는 눈치를 보이자 그의 친구가 켈러에게 "너무하지 않았느냐"고 했더니, 켈러는 화를 내면서 "그럼 나는 어떤 개 같은 팬이 오줌을 갈겨도 내버려 두어야 한단 말이냐?"라고 말했다고 한다. 지나친 칭찬에 화가 난 모양이다. 무엇이든지 지나치면 미치지 못한다.

나는 가끔 독자들로부터 전화를 받을 때가 있다. "요즘 선생님의 책을 읽는 재미로 산다."든지, "어찌나 책이 재미있던지 3번이나 읽었다. 중요한 부분을 노트에다 메모하려고 했더니, 전 구절이 다 좋아 메모할 수가 없었다."라고 했다. 사실인지 모르지만 다른 사람이 듣기엔 과찬임에 틀림이 없다.

그러나 나는 이런 과찬의 소리가 되레 기분이 좋고, 글 쓰는 보람을 느끼기도 한다. 그러고 보면 나는 속인(俗人)의 수준을 벗어나지 못한 아직 덜 정제(精製)된 부류의 인간임에 틀림이 없다.

애교(愛嬌)도 적당하면 보기에 좋지만 지나치면 천하게 보인다. 하는 행위에 진실성이 있으면 감동을 주지만 그렇지 못하면 마음이 불안해진다.

요즘 정치판이 뜨겁다. 대선(大選)이 한창이니 그럴 수밖에 없다. 그렇다고 해서 그것을 크게 나무랄 수가 없다. 왜냐하면, 그것이 그들에게는 죽느냐 사느냐의 생존 전략이기 때문이다. 내가 살기 위해서는 너를 무너뜨려야 하는 빙탄(氷炭) 불상용(不相容)의 싸움판이 된다. 그 싸움이 적당하면 선(善)이 되지만, 정도가 지나치면 정치의 아름다움이 훼손(毁損)된다. 그렇게 되면 국민의 추상(秋霜)처럼 가혹한 지탄을 받는다.

국민은 그런 싸움의 당사자가 아니고 그 싸움을 지켜보는 관전자(觀戰者)다. 관전자는 적당한 거리를 유지하며 관전해야 좋은 관전이 된다. 너무 가까이서 관전해도 안 되고 너무 멀리서 관전해도 안 된다. 관전의 거리가 너무 가까우면 체열(體熱)이 올라 몸이 타기 쉽고, 너무 멀면 체열이 냉하여져서 얼어붙기 쉽다. 우리 편의 골이 상대편의 네트에 꽂히면 흥분이 과하여 심장이 멎기도 한다. 관전자는 관전 포인트를 잘 잡아야 냉철하고 흥미 있는 관전이 된다.

아내가 예뻐 보인다 하여 하룻밤에 만리 장성(萬里長城)을 쌓으려다간 다음 날 아침에 시체로 변한다. 아내와는 늘 적당한 거리를 유지해야 건강하고 수(壽)를 늘리는 생활이 된다. 음식의 맛이 좋다 하여 배가 늘어나는 줄도 모르고 무한량 먹으려다가 배가 터져 죽고, 술맛이 좋다 하여 매일 장주(每日長酒)로 끝장을 보려다간 간이 터져 죽는다.

미치지 않으면 미치지(이르지) 못한다(不狂不及)는 말이 있다. 인간 역사는 미친 자들이 쌓는 공적의 역사이기도 하다. 그러나 미친 자도 그 미침이 지나치면 인사불성(人事不省)이 된다. 그렇게 되면 하던 일도 끝내지 못하는 우(愚)를 범한다. 무슨 일을 하든 적당한 거리를 유지하여 행하면 일도 잘되고 보기에도 좋을 것이다.

무엇이든 너무 가까이서 보면 보이지 않고, 너무 멀리서 보아도 보이지 않는다. 소리도 너무 가까이서 들으면 들리지 않고, 너무 멀리서 들어도 들리지 않는다. 빛의 강도가 너무 강해도 눈의 시력이 감당하지 못하고, 소리의 강도가 너무 커도 귀의 청력이 감당하지 못한다. 무엇이든 지나치면 미치지 못하고, 처져도 미치지 못한다.(過猶不及) 그래서 인간을 중간적 존재라고 하기도 한다.

잘 지내던 친구가 갑자기 이상해지면 가까이 하기도 어렵고, 멀리 하기도 어려워진다. 면전에서는 잘하던 친구가 돌아서면 온갖 모함으로 헐뜯으면(面從後言) 가까이 하기가 어렵다. 사람의 표리(表裏)는 늘 같아야 하지만 표리가 이렇게 부동(不同)하면 상대하기가 어려워진다.

그래서 사람은 중용(中庸)의 도를 찾아 행하라 하였고, 이 도를 넘으면 흥이 깨져서 무엇을 하고자 하는 마음을 잃는다. 무엇이든 지나치면 악(惡)이 되는 것이니, 한 가운데의 길을 택하여 사는 지혜를 얻음이 좋을 것이다.(You will travel safest in a middle course./There is a happy midium in everything.)

16 실력은 없이 허세로 떠벌림

허장 성세(虛張聲勢)

허장 성세란 실력은 없으면서 헛소문이나 허세로 떠벌이는 것을 말한다.

내가 다녔던 직장의 동료 중에 허장 성세가 센 두 사람이 있었다. 그래서 그들에 대한 별명을 붙여서 호칭했다. 그 두 사람 중에 더 센 사람을 제1포(砲)라 하고, 그 다음으로 센 사람을 제2포(砲)라 하여 불렀다. 그들이 말할 때 표정 하나 바꾸지 않고, 이야기를 어찌나 재미있게 잘하던지 곧이듣지 않는 사람이 없었다. 말할 때의 그들의 진지함으로 미루어, 그 말 속에 허세나 허위가 있으리라고는 생각지도 못하고 듣는다. 한참 지나고 나서야 그들의 이야기가 허위인 것이 탄로나면, 그때야 고개를 끄덕이며 헛웃음을 터뜨리기도 한다.

그들에게 악의가 있어서 그런 것은 결코 아니다. 평소 그렇게 습관이 되어 있어서 자기도 모르는 사이에 그렇게 하는 것이었다. 그들의 인품이나 인성은 그지없이 좋은 분들이어서 그들을 나쁘게 생각하는 사람은 없었다. 나도 그 두 분들도 정년이 되어 퇴직한 지 이미 오래다. 지금은 어느 곳에서 그 좋은 재주를 풀어 먹으며 재미를 보고 있는지는 모르지만, 그분들과의 관계가 지금도 계속 된다면, 이솝 우화 중의 '양치기 소년'의 어리석은 이야기를 듣고 있을는지도 모른다. 계속 거짓말로 동네 사람들에게 이리가 왔다고 속였지만, 정작 이리가 왔다고 외쳤을 때는 동네 사람들은 단 한 사람도 나타나지 않았다.

나도 그들 정도의 허풍은 못 되어도 가끔 나 자신을 비단옷으로 치장하여 말할 때가 있다. 있는 그대로에 조금을 더 부풀려서 이야기하면, 나도 신이 나고 듣는 사람도 신이 나서 듣는다. 그런 일에 잘못 길들여지면 타성(惰性)이 생겨 나중에는 큰 어려움을 겪는다.

정궤(正軌)를 지키는 데에 생명을 거는 사람들에겐 별로 입맛이 당기는 이야기는 아니다. 할 수만 있으면 있는 그대로를 정도(正道)로 여기며 사는 데서 기쁨과 행복을 누려야 한다. 그런 데서 인간 상호간의 신뢰가 이루어지고, 서로 믿고 사는 좋은 세상이 된다.

사람은 진실에 대해서는 얼음장처럼 차게 대하지만, 허위에 대해서는 불처럼 뜨겁게 달려들어 그 허위를 즐기기도 한다. 세상 모든 일이 허위가 밑바탕에 깔리면 결코 성공하지 못한다. 왜냐하면, 허위는 뜬구름과도 같은 것이어서 아무리 잡으려 해도 잡히지 않기 때문이다.

사람은 자기를 다른 사람 앞에서 더 나은 사람으로 보이게 하려고 애를 쓴다. 그러다 보니 없는 것을 들추어 올려 과장하기도 한다. 있는 그대로가 훨씬 더 알뜰하고 편하여 좋은 것이다. 허장 성세를 부려 자기 자신을 과장하여 나타낼 필요가 없는 것은, 허위가 들통이 나면 그보다 더 허망하고 치욕스러운 일은 없기 때문이다.

실력이 없으면 늘 불안하고 초조하다. 준비가 덜 된 수험생의 마음은 불안하고, 시합장에 들어서는 선수의 마음 또한 불안하다. 전쟁터에 나가는 병사의 마음 또한 그럴 것이다. 훈련이 잘 되고, 장비가 잘 갖추어져 있으면 우선은 마음이 든든하여 좋을 것이다. 권투 선수가 링 위에 오를 때에는 처절한 한 방을 대비하는 데에 온 힘을 기울여야 한다. 처절한 한 방에 그간의 피와 땀이 헛되고, 잘못하다간 그의 인생을 잃는다.

선보러 나갈 때에도 평소 있는 그대로의 차림이 좋고, 값비싼 옷으로 칭칭 감고 나간다고 해서 환심을 사는 것은 아니다. 평범하고 소박한 데서 진실의 꽃은 아름답게 피어오른다. 평소 마음 단련에 힘쓰고, 세상사는 능력을 길러 살면, 세상은 그런 사람을 훨씬 더 좋아할 것이다. 그렇게 살면 허장 성세로 말 치장을 하며 살 필요가 없을 것이다.

가난한 사람일수록 기와집을 짓는다는 말이 있다. 평소 근검 절약하고, 열심히 일하여 지은 집은 영원한 행복의 요람지가 된다.

개 창자에 보위(補胃)한다는 말이 있다. 개처럼 천한 동물의 창자를 보약으로 튼튼하게 한다는 뜻이다. 되지 못한 것에 돈 많이 들이는 것은 부질없는 짓이고, 그런 일에는 필연 후회가 뒤따르기 마련이다.

허영의 꽃은 피울 수 있을지언정 열매는 맺지 못한다.(Vainglory blossoms but never bears.)는 말이 있다. 허영의 수명은 짧아서 마치 옷 자랑하러 교회에 가는 사람의 마음이나 다름이 없다.

진실로 행복을 원하거든 먼저 힘과 실력을 기르고, 그 다음에 세상에 나가 싸울 채비를 해야 한다. 본바탕은 좋지 않으면서 겉치레만 뻔지르르하게 좋으면, 더 흉하여 보기가 싫을 것이다.

진실은 사람이 가지고 있는 최고의 선이다. 내가 먼저 해야 할 일은, 내가 나 자신에게 진실해야 한다. 내가 나 자신에게 진실치 못하면 허장 성세로 자기 치장을 즐기다가 자기 파멸에 이른다.

아무리 높은 지위에 있고, 아무리 많은 지식이 있어도, 허장 성세로 살기를 좋아하면, 그 높은 지위나 많은 지식도 무위(無爲)한 것이 된다. 지금은 어렵고 불행한 처지에 놓여 있다 해도 진실을 잃지 않고 살면, 언젠가는 행복이 찾아와 우리가 가는 길을 찬연히 비춰줄 것이라.

사람의 마음이 허위로 차 있으면 허위의 그늘이 그의 얼굴에 드리워진다. 그러다가 그의 얼굴은 허위의 얼굴로 일그러진다. 진실의 길은 엄하고 험해서 숫한 시행 착오와 시련의 길을 겪는다. 진실보다 더 큰 힘을 주는 것은 이 세상에 없다. 그의 마음이 진실로 차 있으면 하고자 하는 일은 잘 되지만, 허위의 기초 위에 놓이게 되면 하는 일은 결코 잘 이룰 수가 없다.

사람은 먼저 나 자신에게 진실해야 한다. 나 자신이 진실치 못하면, 남이 나에게 진실하기를 기대할 수가 없다. 진실만이 모든 것을 바라고 모든 것을 이길 수 있을 것이다.

17 가당치 않는 말로 억지부림

견강 부회(牽强附會)

견강이란 억지로 끌어들이는 것을 말하고, 부회란 끌어들인 것을 하나로 모으는 것을 말한다. 견강 부회란 가당치도 않은 말을 억지로 끌어다가 그럴듯하게 붙여 합리화(변명)하는 것을 말한다. 더 쉽게 말하면 이치에 맞지도 않는 말을 끌어다가 이치에 맞도록 억지부림을 하는 것을 말한다.

사람이 완전하다면 잘못을 저지르는 일은 없을 것이다. 잘못을 저지른 다음에는 이를 인정하면 되는데도, 잘했다고 억지를 부리거나 변명을 하는 경우가 많다. 되지도 않는 말을 끌어들여 자기의 잘못을 잘했다고 꾸며대는 일은 누구에게나 있는 경험이다.

사람에게는 자존심이라는 게 있어서 자존심이 손상되는 일은 죽는 일만큼이나 싫어한다. 그래서 고집을 부려서라도 자존심을 세우려고 안간힘을 쓴다. 사람에게 자존심이 없으면 남에게 아첨을 하고 굴종을 해도 부끄러워할 줄을 모른다. 이 세상에 나라는 존재가 있는 이상, 나는 나 자신의 힘으로 살아간다는 강력한 신념이 곧 자존심이다.

사람이 사람다우면 다 자존심이 있는 것이고, 나라도 또한 위대한 나라이면 자존심을 바르게 세워 나라의 체면과 명예를 지킬 것이다.

나는 비교적 고집이 세거나 자존심이 강한 사람은 아니다. 어지간하면 잘 타협하고 자존심도 굽혀서 잘 어울려 살아가는 편이다. 그러다 보니 친구들과도 별다른 충돌 없이 잘 지낸다.

잘못을 저지르면 좋은 말을 끌어다가 억지로 호도(糊塗)하려 하지만, 사실 그대로 인정해버리는 것이 되레 편하여 좋다. 미사 여구(美辭麗句)를 끌어들여 감추려고 하면, 그 여구(麗句)들이 되레 추한 말이 되어 본인을 더 힘들게 한다.

사리에 어긋나는 말은 필연코 지탄을 받는다. 그래서 길이 아니면 가지 말고 말이 아니면 하지 말라고 하였다. 말을 하되 일언 삼사(一言三思)하고, 일을 하되 바르지 않는 일은 행해서는 안 된다. 잘못된 말을 하거나 잘못된 일을 저지른 다음에, 억지로 감추려 해 봤자 감춰지는 것은 결코 아니다.

삼인 성호(三人成虎)라는 말이 있다. 세 사람이 모이면 없는 범도 있는 것처럼 만들 수 있다는 말이다. 근거 없는 말이라도 여러 사람이 억지를 부리면 상대방이 곧이듣게 되는 것을 말한다. 억지를 부려 없는 것을 있다고 해봤자 없는 것은 영원히 없는 것이다.

이솝 우화집에 나오는 '나귀의 고집'이라는 글이 있다.

나귀가 산길을 가다가 큰길에서 벗어나 낭떠러지 쪽으로 가고 있었다. 깜짝 놀란 주인이 나귀의 꼬리를 잡아당기며 그쪽으로 가지 못하게 했다. 얼마간 주인과 나귀 사이에 실랑이가 벌어졌지만, 나귀의 힘을 이길 수가 없어서 나귀의 꼬리를 놓아버렸다. 그러자 나귀는 낭떠러지에서 떨어져 다리를 부러뜨렸다. 너무 고집을 부리다가는 나귀

같은 신세가 된다 하여 하는 이야기다.

사람에게 적당한 고집은 필요하다. 한 나라의 통치자에게 고집이 없으면 국정이 잘못될 수도 있다. 부하들의 말에 너무 의존하다간 자기가 하고자 하는 뜻을 펼 수가 없기 때문이다. 너무 좌고 우면(左顧右眄)하다간 부하들의 비위나 맞추는 줏대 없는 통치자가 된다. 자기가 옳다는 신념이 서면 고집을 부려서라도 그 일을 추진해야 한다. 추진하되 꼭 성공할 수 있어야 하고, 그럴 때의 그 고집은 빛나는 고집이 된다. 그때의 고집은 소통이 안 된다는 세론(世論)과는 다른 신념에 찬 고집이 된다. 너무 완고하여 촌분(寸分)의 변통(變通)이 없으면 고집 불통이라는 낙인이 찍힌다. 그러다가 외면을 당하면 종래에는 외롭고 쓸쓸한 고도(孤島)의 신세가 된다.(不達時變)

도둑질을 하다 들켜도 자기 변명을 하고, 사람을 죽이고도 자기 변명을 하여 자기의 죄를 감추려 한다. 그러나 감추려 한다 해서 감추어지는 것은 결코 아니고, 감추려 하면 되레 더 널리 세상에 드러나 치욕스럽게 된다.

에머슨(Ralph Waldo Emerson) 같은 미국 사상가는 지성이 풍부한 사람은 변명 같은 것은 결코 하지 않는다고 하였다. 지성인일수록 더 지능적으로 자기 죄를 감추려고 하지만, 죄 중에 영원히 감추어지는 죄는 결코 없다.

솔직하고 장부다운 인격으로 변명 같은 추악한 짓은 하지 말아야 하고, 자기 죄를 부끄럽게 여기는 높은 인격을 가져야 한다. 변명은 잘 장식된 거짓이고, 그런 거짓의 허울은 쉬 벗겨져 세상에 드러난다.

일시적인 미봉책으로 다른 사람을 속일 수는 있어도 자기의 양심은 결코 속일 수가 없다. 서툰 변명을 하기보다는 차라리 변명을 하지 않는 것이 좋다.(A bad excuse is worse than no excuse.) 견강 부회로 자기 잘못을 감추려 할 것이 아니요, 자기 잘못을 인정하고 용서를 구하는 것이 되레 자기를 구하는 길이 될 것이다.

억지를 부린다 하여 사실이 아닌 것이 사실이 되는 것은 아니다. 억지를 부린다 하여 허위가 진실로 변장하여 나타나는 것은 아니다. 무엇이든 잠시 감추일 수는 있어도 영원히 감추어지는 것은 아니다.

허위를 진실로 도장(塗裝)하려 하지만, 허위는 잠시 있다 사라지는 구름과 같은 것이다. 허위는 채색(彩色)이 나쁜 회화(繪畫)처럼 곧 퇴색되어 드러난다. 사실이 아닌 것을 사실로 견강 부회하지 말아야 한다. 사실에 순응하며 살기를 힘쓰면 마음이 편하여 좋고, 마음이 편하면 일도 잘 될 것이다.

18 머뭇거리다 놓친다
수서 양단(首鼠兩端)

수서란 쥐가 구멍에서 머리를 내밀고 엿보는 것을 말하고, 양단이란 하나를 둘로 나누어 양쪽이 되는 것을 말한다. 수서 양단이란 쥐가 구멍에서 머리를 내밀고 이쪽 저쪽으로 바깥 세상을 엿보듯, 사람이 둘 중 어느 하나를 결정해야 할지를 몰라 머뭇거리며 살피는 것을 말한다.

사람이 어떤 때는 이러지도 저러지도 못하고 어정쩡한 상태에 놓일 때가 있다. 나도 이런 경우를 수없이 경험하며 살았다. 사람의 행위가 우유 부단(優柔不斷)하다고 알려지면 수서 양단하며 산다고 할 수 있을 것이다.

쥐란 놈은 원래 구멍을 거소(居所)로 삼아 사는지라 배가 고프면 밖으로 나와 먹이를 구해야 한다. 그러나 바깥 세상은 늘 두려워서 함부로 나다니기가 어렵다. 밖으로 나올 때에는 머리를 살며시 내밀어 바깥 동정을 살핀 후에 나와야 한다. 만약 자기의 천적(天敵)이 밖에 있으면 나오기를 잠시 기다렸다가 나온다. 그러다가 일이 잘못되면 그 천적의 한 입 밥이 되어 죽는다. 쥐는 야행성 동물이어서 어두운 밤에만 나와 먹이를 구해 먹는다. 아무리 눈이 밝다고 해도, 쥐보다 눈이 더 밝고 빠른 놈에게는 당할 수밖에 없다.

쥐가 오래 살기를 소망한다면 안전한 길을 선택할 수밖에 없다. 쥐가 머리를 내밀고 바깥 동정을 살피는 일은 그의 생존 전략이다. 그러나 그 일에 너무 시간을 끌어도 안 되고, 너무 서둘러 행해서도 안 된다. 무슨 일이든지 지나치게 서둘러서 해도 악이 되고, 너무 늦장을 부려서 해도 악이 된다. 그래서 중용(中庸)은 덕이 된다 하였고, 지나침이나 모자람도 악이 된다 하였다.

시간을 너무 끌어도 일을 그르치고, 너무 경망하게 움직여도 일을 그르친다. 무엇이든 적당해야 흥이 살아나 살맛이 난다. 음식이 많으면 더 먹다 탈이 붙고, 음식이 부족하면 배가 고파 살기 힘들어진다.

검소하게 산다 하여 거지처럼 음식을 낮춰 먹어서는 안된다. 왜냐하면, 그런 음식에서는 힘을 얻어 살 수가 없기 때문이다. 그렇다 해서 인삼 녹용 산해진미를 매일 먹다간 몸이 얼마 견디지 못하고 거덜난다. 옷을 잘 입는다 하여 너무 사치스럽게 입어서는 안된다. 왜냐하면, 그런 사치스런 옷은 사람의 눈을 현란(絢爛)하게 하기 때문이다. 음식은 힘을 쓸 수 있을 만큼 먹어야 하고, 옷은 남에게 정결한 느낌이 들 수 있을 만큼 잘 입어야 한다.

너무 오래도록 머리를 내밀고 있다간 잡아야 할 먹이를 놓치고, 움직여야 할 때 움직여야 먹이를 잡아 배를 채운다. 무엇이든 너무 지나쳐도 안 되고, 너무 모자라도 안 된다. 사람의 성격이 너무 과격해도 분쟁이 일어나기 쉽고, 너무 처져도 무능하고 결단력이 없는 사람이 된다. 상사를 모시되 너무 지나치게 모셔도 미움을 사고, 친구를 사귀되 너무 지나치게 사귀어도 욕이 된다.

그러나 뜨거운 것도 아니고 차가운 것도 아니면 미지근한 것이 되어 일을 그르친다. 사람이 뜨겁든지 아니면 차가워야 한다고 하지만 그러기가 쉽지 않다. 그러다 보니 사람들은 때로는 뜨겁고, 때로는 차갑게 살아간다. 세상을 살되 서로 사랑하며 살라고 하고, 서로 미워하지 말며 살라고 한다. 사랑도 아니고 미움도 아니면 무관심한 것이 된다. 무관심이 나쁘다고는 해도 미워하는 것보다는 더 나을 것이다.

쥐에게 그의 무서운 천적으로 고양이가 있다. 고양이는 쥐구멍 옆에 쪼그리고 앉아 쥐가 나오기를 기다린다. 쥐 또한 고양이에게 잡혀 그의 밥이 되지 않도록 사력(死力)을 다한다. 촌분(寸分)의 시차(時差)로 쥐는 그의 죽음을 면하고, 고양이 또한 촌분의 시차로 쥐를 잡아 그의 밥으로 삼는다. 이렇게 양자의 관계는 치열하고 살벌하다. 쥐가 그의 머리를 내밀고 이리저리 움직여 살 길을 찾는 것은, 그의 생존의 문제이기 때문이다.

사람이 자기의 진퇴나 거취를 결정하지 못하고 관망할 때가 있다. 그러다가 진퇴 유곡(進退維谷)의 수렁에 빠져 헤어나지 못하기도 한다. 결단을 내리는 데에 너무 긴 시간이 걸리면 우유 부단하다 하여 핀잔을 받는다. 나도 그런 사람 중의 한 사람이어서 일을 그르치고 후회하기도 하지만, 기회는 늘 있는 것은 아니다.

쥐란 놈은 자기 생명을 단 한 개의 구멍에 의존하며 살지만, 건곤일척(乾坤一擲)의 위급한 순간에는 고양이의 산 맥을 물어 사생 결투를 한다. 고양이 앞에 쥐 얼 듯 한다는 말도 있지만, 필연 죽을 줄 알면서도 덤비는 용기는 높이 평가해야 한다. 미처 구멍으로 피하지 못했을 때에도, 힘없이 당하는 그런 나약한 동물은 아니다.

쥐는 인간을 해치는 동물이기는 해도, 늘 중용의 길을 택해 생명의 안전을 도모하며 산다. 좌우 양쪽을 살핀 후에 안전한 길을 택해 사는 그의 지혜는 훌륭하기 그지없다. 사정이 좋을 때는 물론이고, 사정이 나쁠 때에는 더욱더 인내와 경계심을 발휘하여 살아간다.(In prosperity caution, in adversity patience.) 그렇다 해서 우유 부단에 빠지면 큰일을 그르치는 우를 범할 수도 있으니 조심할 일이다.

19 재앙은 홀로 오지 않는다
화불 단행(禍不單行)

화불 단행이라는 말은 재앙이 올 때는 한 번에 와서 그것으로 끝나는 것이 아니고, 늘 겹쳐서 온다 하여 이르는 말이다. 재앙이 혼자서 오면 그놈만 물리치면 되지만, 그 다음에 다른 놈을 데리고 와서 재앙을 부리니 조심하여 살라 하여 하는 말이다.

사람은 누구나 크고 작은 재앙을 겪으며 산다. 작은 재앙은 자주 왔다 가지만, 큰 재앙은 그렇게 자주 오는 것은 아니다. 작은 재앙은 사람을 단련시키지만, 큰 재앙은 사람을 지치게 하거나 무너뜨리기도 한다.

재앙이 한 번 왔다가 다시 오지 않으면 안심해버릴 일이지만, 더 큰 세(勢)를 갖추어 밀려오니 그걸 조심해야 한다. 가뜩이나 심신이 피로한데다 다른 재앙이 밀려오면, 막아낼 힘을 잃고 좌절의 수렁에 빠진다.

재앙은 우리를 기다리고 있다가 작은 틈새만 보여도 가차 없이 달려들어 우리를 힘들게 한다. 재앙 중에 하늘이 내리는 재앙이 크고 무섭다. 가뭄이 무섭고 눈, 비, 바람이 또한 무섭다.

7년 가뭄 끝에 내리는 비를 칠년 대한 강감우(七年大旱降甘雨)라고 한다. 칠 년만에 비가 내리니 반갑기 그지없다 하여 하는 말이다. 가뭄이 7년이나 계속되면 산야(山野)는 다 타들고, 사람, 짐승 또한 다 목말라 죽는다. 아무리 생명이 모질고 강하다 해도, 이런 재해(災害)에는 견디어낼 도리가 없다. 사람이 만물의 영장(靈長)을 자처해도, 이렇게 큰 재앙에는 속수 무책이다.

큰 바람이 불어와 나무를 뽑고, 방파제를 두 쪽 내고, 집을 휩쓸어가 살기 힘들게 한다. 옛말에 불탄 자리는 있어도 물 간 자리는 없다 하였다. 그래서 하늘의 재해를 무섭다 하거니와 평소에 대비를 잘하면 훗날의 고통과 근심을 줄일 수 있을 것이다.

다리에 힘이 없어 걷기가 힘들면 다리를 단련하여 힘을 얻어야 하고, 분별없이 많이 먹고 배에 탈이 붙으면 배를 편하게 하여 몸에 기(氣)를 얻어야 한다.(寬胃以養氣) 음주 흡연의 유혹을 이기지 못하면, 내가 자초(自招)한 잘못으로 가족들까지 건강을 잃는 불행을 겪는다.

불필요한 짓을 행하여 재앙을 끌어들이는 일보다 더 우매한 짓은 없다. 이는 곧 곤장을 매고 들어가 수없이 많은 곤장을 맞고 몸이 부스러져 나오는 경우와 다름이 없다.

옛말에 누워서 침 뱉는다는 말이 있다. 누워서 침을 뱉으면 그 침이 자기 얼굴에 떨어져 자기가 해를 입는다. 남을 해치려다가 되레 자기가 해를 입는 것이 되고, 자기 노끈으로 자기를 묶는 자승 자박(自繩自縛)의 우(愚)를 범한다.

작은 해(害)를 만나면 작다 하여 소홀히 하지만, 해가 작을 때 뿌리를 뽑지 못하면 후환(後患)을 면치 못해 어려움을 겪는다.

평화로울 때 힘을 길러 대비하고, 하늘이 맑고 푸를 때 비 올 때를 대비하면 화불 단행의 화를 면할 것이다.

몸의 건강보다 소중한 것은 이 세상에 없다. 건강은 땀의 소산이라 하거니와, 땀을 흘리지 않고서는 건강을 얻을 수가 없다. 불로 소득(不勞所得)으로 이익을 꾀하다가 망하지 않은 자는 없다.

편한 것이 좋다 하여 편하기를 일삼으면, 도적에게 문을 열어주어 가산을 잃는 경우와 같은 불행을 겪는다. 재앙에 문을 열어주면 섬지고 불로 들어가 분사(焚死)를 자초하는 화를 입는다. 조금만 주의하여 살면 만사 형통의 대운(大運)으로 살 것이다.

맑은 하늘에 날벼락 같은 재앙은 아무도 피할 길이 없다. 그런 재앙이 반복해서 오면 살아남을 자는 아무도 없다. 재앙은 착한 사람에게도 오고 악한 사람에게도 온다.(玉石俱焚) 착한 사람은 오래 살고 악한 사람은 오래 살지 못하는 것은 아니다. 그러나 착하게 살다 가고자 하는 염원은 우리 모두의 염원이어야 한다. 바르게 사는 자들만이 행복을 누리며 사는 세상이 되어야 한다.

산을 오르되 너무 빨리 오르지 말고(速登者易顚) 차를 몰되 음주 과속하여 몰아서는 안 된다. 빙판길을 걷다 넘어지면 팔다리가 부서지고 머리와 몸통도 부서진다.

재앙이 지나갔다 하여 안심할 일이 결코 아니고, 재앙은 잠시 뒤로 물러서서 기다릴 뿐이다. 긴장을 풀면 재앙은 틈새를 노려 다시 달려든다. 재앙은 한 번으로 끝나지 않고 꼭 겹쳐서 온다. 이 말을 평소의 금과 옥조(金科玉條)로 삼으면 재앙을 대비하는 길이 된다.

우박은 가난한 농부의 밭에만 떨어진다는 말이 있다. 화는 엎친 데 덮쳐서 오는 것이니, 늘 경계하며 살면 화를 면하여 살 것이다. 재앙은 언제 어떻게 일어날지 아는 사람은 아무도 없다. 발 한번 잘못 디뎠다간 천 길 만 길의 단애(斷崖)에 떨어진다. 그런 화를 입을 가능성은 하루에도 수없이 많이 있다. 이 나이에 이르도록 별 탈없이 잘 살았으니 천은(天恩)이 망극(罔極)함을 느낀다.

문밖에 저승이라는 말이 있듯이 밖에 나가면 수 없이 많은 재앙이 기다린다. 재앙은 예고 없이 불시에 오는 것이어서 잠시 후를 예측하지 못하고 산다. 삼경(三更)에도 재액(災厄)의 신은 쉬지 않고 뛰어다닌다고 한다. 아무 일 없으리라 믿고 있을 때 재앙은 밀고 들어와 우리를 힘들게 한다.

갑자기 눈썹에 불이 붙어 타는 재앙을 연미지액(燃眉之厄)이 하거니와, 뜻밖의 그런 횡액(橫厄)도 조심하며 살면 피할 수 있다하여 하는 말이다. 그간 재앙의 긴 터널을 무탈하게 빠져나왔으니 천지 신명에게 거듭거듭 감사하고, 남은 여생도 그러하기를 기원하며 이만 줄인다.

20 하늘이 놀라고 땅이 흔들리는 일
경천 동지(驚天動地)

경천이란 하늘을 놀라게 한다는 뜻이고, **동지**란 땅을 흔들어 움직이게 한다는 뜻이다. **경천 동지**란 하늘을 놀라게 하거나 땅을 뒤흔든다는 뜻으로, 예상하지 못했던 큰일이 일어나 세상을 놀라게 하는 것을 말한다.

사람들은 보통 자기 나이를 나타내지 않고 숨기며 산다. 자기의 늙음을 남에게 알리고 싶지 않아서 일 것이다. 나이만 많이 먹었지 별로 한 일이 없이 세상을 산 것을 부끄러워하여 그럴 것이다.

아무리 그래도 나 같은 사람에게도 자랑할 만한 일이 한두 개는 있다. 그중 한 가지가 글을 쓰며 사는 일이다. 하늘이 놀라고 땅이 동할 만큼 위대한 글은 아니나, 이 나이에 글을 쓴다는 것은 결코 쉬운 일이 아니기 때문이다.

같은 또래의 친구들 중에 이미 산에 누워있는 놈들도 있고, 치매로 동서 남북의 구분이 어려워 갈피를 못 잡는 놈들도 있고, 또 다른 병마에 시달리며 사는 놈들도 있다. 살아 있되 산 것 같지 않게 사니 참 어려운 삶임에 틀림이 없다. 그런데 나는 아직도 눈은 그렇게 어둡지 않고, 생각도 흐리지 않아 글을 써서 책을 내니, 경천 동지할 일은 아니지만, 자화 자찬(自畵自讚)은 할만한 일이다. 글 같지도 않은 글로 지면을 더럽히는지는 모르나, 아무리 해도 이 나이에 참 용하고 자랑스럽다는 생각이 든다.

내 자식 놈도 그렇게 우둔치는 않은 탓인지 그 나이에 벌써 6~7권의 책을 냈고, 그 중 어떤 것은 국가 기관의 추천 도서로 전국 도서관에 배포되어 읽히고 있다. 감개 무량한 일이어서 삼불출(三不出)의 우(愚)를 범했다고 나무라도 어쩔 수가 없다.

사람이 이 세상을 살아가면서 불가능에 가까운 일을 해내서, 사람들을 놀라게 하면, 경천 동지할 일이라 할 것이다.

오스트리아의 황태자(페르디난도) 부부가 세르비아의 청년(비밀 결사원)에게 암살되자, 유럽의 30여 개국들이 양쪽으로 나뉘어 4여 년에 걸쳐 싸웠다. 이 전쟁을 제1차 세계대전이라고 한다.(1914.7.28.)

일본이 진주만을 기습하여 미국에 선전 포고를 함으로써 전 세계가 파시즘(일본, 독일, 이탈리아) 대 반파시즘(미국, 독일, 영국, 불란서 등)으로 나뉘어 거의 6여 년에 걸쳐 싸웠다. 이 전쟁을 제2차 세계대전이라고 한다.(1940.12.8.)

북한 공산군이 38°선을 넘어 불법 남침한 한국 전쟁은 거의 3여 년에 걸쳐 싸웠다. 처음에는 전세가 불리했으나 유엔군의 참전으로 낙동강 전투에서 승리를 거두었고, 그 해 9월에는 인천 상륙 작전에 성공하여 전세를 역전시켰다.

일본군이 중국을 점령하고자 중국의 난징(南京) 인구 60만 명 중에 30만 명을 생매장하여 죽였다.(난징대학살사건) 독일인 아이히만이 이스라엘 백성 수 만 명을 가스로 독살하여 죽였다. 이런 사건들은 모두가 다 경천 동지할 사건들이어서 인류의 뇌리에 오래 기억될 것이다.

한국 전쟁에서 한국의 산하(山河)는 피폐하였고, 수없이 많은 사람이 죽었다. 그야말로 비참하기 이를 데 없는 전쟁이었다. 이상의 모든 사건들은 인간이 저지른 대재앙으로서, 인간보다 더 잔학 무도(殘虐無道)한 동물은 없을 것이다. 두 차례의 세계 대전에서 얼마나 많은 인명의 손실이 있었는지는 짐작하여 헤아리기 바란다.

지진이 일어나 한 도시를 초토화(焦土化)하고, 쓰나미가 몰려와서 집과 사람을 쓸어버리고, 원자로에서 유독 가스가 새어나와 사람들을 질식시켜 죽인다. 어린 꼬마를 성폭행하여 죽이고, 자식이 부모를, 부모가 자식을 죽인다. 총기를 난사하여 수십 명의 어린이를 무참히 죽였으니 참 가공(可恐)할 일이다. 서로 헐뜯고 모함하여 죽이고, 추워서 얼어 죽고, 밥이 없어 굶어 죽고 등등……. 지구촌 곳곳에서 천인공노(天人共怒)할 일들이 끊임없이 일어난다.

인간이 본래 악을 사랑하여 그러는 것은 아니다. 본래는 선했지만 서로 어울려 살면서 탐욕이 생기고, 더 잘난 체하고, 더 높은 자리에 오르려고 하고, 오만하고, 용서하지 않고, 하늘이 무서운 줄 모르고 사니, 세상은 날로 헛돌고, 밤거리가 무섭고, 세상의 안전망이 뚫려 점점 살기가 무섭다. 끝없이 이어지는 악의 질주에 하늘의 저주는 아직 내리지 않은 듯, 세상은 변함 없이 움직여 헛돌고 있다.

나쁜 생각은 우리 머리 위를 지나는 새와도 같아서 아무리 막으려 해도 막을 수가 없다. 그러나 그 나쁜 생각이 우리의 머릿속에 자리를 잡고 들어서는 것은 막을 수가 있다. 늘 선한 마음으로 살기를 힘쓰면 악한 생각이 머릿속에 들어오는 것을 막을 수 있을 것이다.

옛말에 검둥개 목욕 감기듯이란 말이 있다. 검은 개는 워낙 검은지라 아무리 해도 희어질 수 없음을 말한다. 악인이 어찌나 악하던지 뉘우치지 못함을 탓하여 하는 말이다.

그런 악인을 변화시킬 방법 중에 이런 것도 있으니 한 번 생각해 볼 일이다. 그를 도와주고 사랑한다고 해보라. 억지로라도 그렇게 해보라. 그와 대항하여 싸운다 해서 그를 변화시킬 수 있는 것도 아니고, 되레 더 악하게 만들 것이다. 그가 사람 대접을 받으면 사람으로서 부끄럽지 않게 살려고 노력할 것이다. 남이 자기에게 관심을 갖고 사랑해주는 것을 알면 감사와 기쁨을 느끼며 살 것이다.

한 사람의 악인이 선한 사람으로 변하여 살면 이것 또한 경천 동지할 대 변화라 할 것이다. 이때 하늘도 놀라 눈물을 흘리고, 땅을 움직여 지상 거민(地上居民)의 마음을 움직여 잘 살게 할 것이다.

선한 마음을 가지면 죽어서도 선한 귀신이 된다는 말이 있다. 착한 마음을 가지고 살다 죽으면 여한(餘恨)이 없어 편히 죽을 수 있을 것이다. 악한 사람이 마음을 고쳐먹어 선한 사람이 되면 경천 동지할 일이다. 이 세상에 사는 모든 사람이 기쁨과 행복을 누리며 살면, 이보다 더 좋은 일은 없을 것이다.

제3부

인생은 예술이다

繩鋸 斷木

(승 거 단 목)

노끈으로 톱질을 하여 나무를 자른다.

인생은 예술이다

우리 모두는 하루하루 예술작품을 만드는 일에 참여하며 산다. 어느 날은 잘 만들기도 하고 또 어느 날은 잘못 만들기도 한다. 만든 것 중에 이지러진 것도 있고 깨진 것도 있다. 오늘 부서진 조각들은 다음 날 다시 긁어모아 하나하나 또 이어 맞추며 산다. 그 일이 힘들기 그지없지만 삶이 끝나는 그날까지는 그 일을 계속해야 한다. 그런 가운데 간간히 삶의 희열을 맛보기도 하고, 실날 같은 희망의 빛에 의지하며 살기도 한다. 희망은 힘든 일을 덜 힘들게 하고 불가능한 일을 가능하게 만든다.

생이 끝나는 그날에야 이 예술작품을 만드는 일은 끝난다. 모양은 좀 이지러졌어도 평생 동안 공들여 만든 것이면 위대한 것이다. 빛이 찬란하지는 못해도 곳곳에 땀방울이 베어 있으면 좋고, 눈물과 회한(悔恨)이 베어 있으면 더욱 좋다. 찬란한 광채는 우리의 마음을 취하게도 하지만, 진실한 광채는 그 광휘가 찬란하지 않다고 하였다.(眞光不輝)

옥에 흙이 묻어 있으면 묻은 그대로 놔두라 한다. 가는 이 오는 이다 흙이라 해도 흙인 듯이 있으라 한다. 그 흙이 벗겨지는 날 그 옥은 찬란한 광채를 내며 빛날 것이다. 그 광채는 이웃을 빛내고 세상을 황홀케 할 것이다.

예술가는 자기가 하고 있는 일에 신명(身命)을 걸고, 한 호리(毫釐)의 결함도 인정하려 하지 않는다. 우리의 생활이 늘 그러기를 바라지만 그러지 못하고 산다. 잘못을 고치고, 고친 것을 또 고치며 산다. 부족함이 있으면 부족한 그대로 체념하기도 한다. 그것이 곧 인간의 한계성이요 숙명이다.

인간은 신(神)이 아니다. 신을 모방할 수는 있어도 신처럼 행할 수는 없다. 예술은 모방(模倣)이 끝나는 곳에서 시작된다고 한다. 모방도 잘하면 모방 예술이 되지만 모방에는 생명이 없다. 창조적 독창성이 없으면 아무리 잘 된 것도 잘됐다 하지 않는다. 예술은 모방하여 만드는 노리개는 아니다. 피와 땀과 자기 생각으로 만들어내는 자기 성취의 산물이다. 그 과정은 극기(克己)의 과정이요 자기 정복의 역사다. 예술은 집을 짓기 위해 벽돌을 한 장 한 장 쌓아올리는 일과도 같다. 그리하여 종래에는 묘취(妙趣)가 넘치는 아름다운 자기 집을 만들어낸다.

우리가 만드는 예술의 집은 각기 다른 집들이다. 집의 모양도 다르거니와 그 속에서 우러나오는 훈기(薰氣)도 다르고, 주고 받는 이야기도 다르다. 사람은 자기 행복을 만드는 장인(匠人)이다. 자기 행복은 자기만이 만들 수 있는 위대한 예술 작품이다. 찌그러져서 보기 흉한 것도 있지만 반반하여 보기에 아름다운 것도 있다.

겉으로는 힘들지 않게 사는 것 같아도 다들 힘들게 살아간다. 힘들이지 않고 만든 집은 적은 비바람에도 쉬 흔들려 무너진다. 창수(漲

水)에도 잘 버티는 집을 만들기란 참 어려운 일이다.

행복은 자기 자신 이외의 것에서 찾으려 해서는 안된다. 고루 거각(高樓巨閣)에서 산다하여 꼭 행복한 것은 아니다. 내 마음이 편하고 좋으면 누추(陋醜)한 곳에서 살아도 행복한 것이다. 불행을 겁낼 때 우리는 이미 불행한 것이다. 늘 안일(安逸)만을 바랄 때 행복은 우리에게서 날로 멀어진다.

만족할 줄 알면 가난해도 기쁘고(知足者 貧賤亦樂) 마음이 만족하지 못하면 부귀, 영화가 또한 근심이 된다.(不知足者 富貴亦憂)

참되게 행복을 누리며 살고자 하면 신(神)의 생활에 참여해보라고 한다. 기왕 참여할 바엔 깊이 참여해야 한다. 어중간(於中間)하게 접했다간 안한 것만 못한 것이 된다. 신과의 깊은 소통에서 기쁨과 행복을 누리는 사람이 된다. 바르고 의롭게 산자들만이 기쁨과 행복을 누린다. 속사(俗事)에 너무 깊이 매어 살다간 천한 속인(俗人)으로 전락한다.

참된 행복은 어지간 해서는 잘 정착(定着)하지 않는다. 행복은 좀처럼 얻기 어려운 것이지만 구하려고 하면 어느 곳에나 있다. 돈으로도 구할 수 없지만 진정으로 원한다면 언제든지 구할 수 있는 것이다. 행복은 우리 가정의 노변(爐邊)에서 자라나는 것이지 옆집의 꽃밭에서 따오는 것은 아니다.

평생을 행복하게 산 사람도 없고 평생을 불행하게 산 사람도 없다. 왜냐하면 행복과 불행은 늘 교차하여 오는 것이기 때문이다. "행복과 불행은 늘 같은 지붕 밑에 살고 있다. 번영의 바로 옆방에 파멸이 살고 있고, 성공의 바로 옆방에 실패가 살고 있다."(安秉煜 / 思索의 노오트)

불행은 늘 행복 옆에 살고 있어서 행복이 무너지기를 기다린다. 행복이 흔들리기 시작하면 가차없이 밀고 들어와 그 자리를 차지한다.

행복과 불행은 자기 스스로 마음 먹기에 달려 있다. 불행이 너무 오래 계속되면 잘못하다간 자기 파멸에 이른다. 불행하다고 느낄 때 행복하다고 생각해 보라. 그러면 불행은 견디지 못하고 물러날 것이다. "자기 스스로를 행복하다고 생각하는 사람은 행복하다."고 하였다.(He is happy that thinks himself so.)

사람은 모두 자기의 그림을 그리며 산다. 그것이 곧 자기의 행적(行蹟)이요 자기의 인생 역정(人生歷程)이다. 어떤 그림을 그리던 힘써 그렸으면 그 그림은 그만이 그릴 수 있는 그의 그림이다. 그는 그 그림을 그린 예술의 대가요 대장인(大匠人)이다.

행복은 우자(愚者)의 후견인이라는 말이 있다. 행복은 우자처럼 재주부리지 않고 열심히 사는 자만이 거둘 수 있는 수확이다.

잘 지낸 하루가 행복한 잠을 이루게 하듯, 잘 보낸 인생은 행복한 죽음을 가져온다.(L.다빈치) 세상 사는 맛을 알고 살면 세상은 참 아름답고 살기 좋은 곳이 될 것이다. 하루하루의 생활은 그의 일생을 아름답고 위대한 예술 작품으로 만든다. 하루하루를 의미있게 살면 그의 인생은 의미있고 자랑스러운 인생이 될 것이다.

21 많으면 많을수록 좋다

다다 익선(多多益善)

다다익선이란 많으면 많을수록 더욱 좋다는 뜻이다. 무엇이든 많으면 많을수록 좋다는 뜻은 아니다. 세상에는 사람에게 좋은 것도 있고 좋지 않은 것도 있다. 좋은 것은 많을수록 좋지만, 좋지 않은 것은 많을수록 좋은 것이 아니다.

친구가 좋기는 해도 너무 많으면 계속 그 관계를 유지하기가 어렵고, 너무 적거나 없어도 외로워서 살기가 힘들다. 친구 중에는 내가 형편이 좋으면 달라붙어 알랑거리지만, 내가 비탄에 빠지면 등을 돌리는 놈들이 많다.

"술이 있고, 돈이 있고, 겸해서 말까지 있으니, 노상 행인들까지 달려들어 친구라 하더니만, 하루아침에 말 죽고 돈까지 떨어지니, 친구라는 놈들도 친구가 아니라고 돌아선다."(미상)라는 글귀가 있다.

관포지교(管鮑之交)나 금란지교(金蘭之交)의 우정처럼 오래 계속되어야 좋은 친구가 된다. 친구 간에 감추인 것이 없고, 서로 마음을 터놓고 지내는 사이라야 좋은 친구가 된다.(肝膽相照)

그래서 어려울 때의 벗이 진정한 친구(A friend in need is a friend indeed.)라는 말이 나왔다. 친구가 좋다 하여 많을수록 좋은 것은 아니고, 오래 지속되는 마음의 친구가 곧 좋은 친구다.

옷은 좋은 것이지만 절기에 맞게 입어야 좋다. 겨울에는 다습게 입어야 좋고, 여름에는 시원하게 입어야 좋다. 옷이 절기에 맞지 않으면 몸에 재앙이 되어 되레 해롭다.

마음은 추악해도 옷만 잘 입으면 천사처럼 보이고, 마음이 천사처럼 순결해도 옷이 난잡하면 추녀처럼 보이기도 한다.

옷은 많을수록 좋기는 해도 너무 많으면 거추장스럽고, 절기에 따라 몇 벌씩만 있어도 살기에 불편은 없다. 의복이 날개라거나 옷이 사람을 만든다는 말도 있지만, 늘 능라 주의(綾羅紬衣)로 감싸고 다닌다해서 좋은 것은 아니다. 옷이 사람을 지배해서는 안 되고, 사람이 옷을 지배해야 자기 몸에 맞는 옷이 된다.

옛날에는 자식은 많을수록 좋다 하여 한없이 많이 낳아 길렀다. 먹는 복은 각자가 타고난다 하여, 먹여 살리는 문제는 걱정도 하지 않고 낳았다. 그러나 지금은 무자식이 상팔자라 하여, 편하게 사는 데서 기쁨과 행복을 누린다.

재물이 좋다고는 해도 무한히 좋은 것은 아니다. 왜냐하면, 큰 재산은 자기를 속박하는 큰 재앙이고, 죽을 때 결산할 재산이 많으면 자식들 간에 분란이 일어나기 때문이다.

현인(賢人)이 재산이 많으면 품위를 잃기 쉽고, 우자(愚者)가 재산이 많으면 그 재물로 못된 짓을 하기가 쉽다. 재산이 적으면 근심이 적다(Little property, little care.)는 말이 있고, 재물이 너무 많으면 근심 걱정이 가실 날이 없으니 조심할 일이다.

많이 모아 많이 적선하며 살면 그보다 더 좋을 일이 없지만, 재물 모으기가 그렇게 쉽지 않고, 남에게 베풀기가 또한 쉽지 않다. 나야 말년에 먹을 것 외에는 별로 없지만, 되레 마음이 편하여 좋다. 먹을 것도 다 하고 생명도 다 하면 그보다 더 좋을 일이 없지만, 쓰다가 모자라면 큰일이겠다는 생각도 든다. 절약하여 쓰고, 아프지 않고 살아야 잘 맞추어 사는 것이 될 것이다.

정직하게 번 돈은 아무리 많이 벌어도 좋지만, 부정하게 번 돈은 나를 망치는 악재(惡財)가 된다.

사람이 지식(知識)이 많으면 많을수록 좋은 것이다. 왜냐하면, 세상의 모든 발전과 변화는 지식의 소산이기 때문이다. 여러 사람의 지식이 하나로 모여 가정과 사회와 나라를 건설해 나간다. 지식은 놀라운 저작(著作)의 기초이고 원천이 된다. 만약 이 세상에 지식이 없으면 세상은 무지하여져서 살기 힘든 곳이 될 것이다.

지식을 갖되 바르게 사용해야 좋은 지식이 된다. 지식은 양심을 기초로 해야 하고, 양심을 기초로 하지 않는 지식은 인간의 혼을 파괴하는 동력(動力)이 된다.

사람에게 지식보다 더 위대한 무기는 없다. 이 무기를 잘 쓰면 세상은 편하고 살기 좋은 곳이 되지만, 잘못 쓰면 식자 우환(識者憂患)의 폐해와 근심을 일으킨다. 지식은 많을수록 좋지만, 잘못 쓰면 우리를 아주 불편하게 만든다.

건강은 좋을수록 좋은 것이다. 이 세상에 건강보다 더 좋은 것은 없다. 그래서 건강은 만능적 기능이 있다고들 한다. 건강을 잃으면 부귀, 영화, 권세, 명예 등 세상 모든 것을 잃는다. 그래서 건강을 만복의 근원이라고 한다. 삼정승(三政丞) 부러워 말고 내 한 몸 튼튼히 하라 하였다.

사람은 성스럽기 전에 건강해야 한다.(A man must be healthy before he can be holy.) 깊은 신앙으로 성스러움을 유지하며 살고자 해도 건강하지 못하면 그 일이 헛된다. 다식(多食)과 건강은 동행하지 않는 것이니, 식욕이 좋다 하여 과식으로 배를 불리다가는 큰 탈이 붙는다. 할 수만 있으면 적당히 먹고, 많이 움직이는 것을 건강의 본으로 삼아야 한다.(小食多動) 많이 움직이는 것이 좋지만, 그것도 지나치면 도리어 해가 되니 늘 중용(中庸)의 도(道)를 지켜 행할 일이다.

이제는 독자 여러분의 차례다. 여기에서 언급하지 않은 사항이 부지 기수이니 하나씩 꺼내서 제목에 맞추어 생각해보기 바란다. 그러면 생각과 글 쓰는 능력도 늘어나 세상을 사는 재미를 느끼게 될 것이다.

자기 수양에 힘을 쓰는 학문을 위기지학(爲己之學)이라고 한다. 이런 학문은 평생을 전념하여 구해도 부족함을 느낀다. 공부가 모자라면 공부를 더 해서 벼슬 길에 나서야 한다. 벼슬만 탐내어 구하다간 그 벼슬에 눌려 힘을 쓰지 못한다.

국록(國祿)을 먹는 자는 위기지학에 더 많은 힘을 써야 한다. 여성의 버톡스(궁둥이)에 눈이 흐리면 나랏일을 행함에 분별력을 잃는다. 적은 빚이라도 더 찾을 셈이면, 산행 은거(山行隱居)라도 해서 새 길을 모색해야 한다. 자기 학문은 많을수록 좋은 것이니 평생을 기울여 행할 일이다.

22 선을 권하고 악을 징벌함

권선 징악(勸善懲惡)

권선이란 선행을 권장하고, 징악이란 악행을 징벌하는 것을 말한다. 권선 징악이란 선행을 권장하고, 악행을 징벌하여 응징하는 것을 말한다.

선과 악은 상대적 개념이다. 빛과 그늘도 상대적 개념이고, 악마와 천사 또한 상대적 개념이다. 천국과 지옥도 그렇고 전쟁과 평화도 상대적 개념이어서 상충(相衝)하여 싸운다.

세상에는 이런 상반된 개념들이 서로 평행하여 존재한다. 악한 사람들을 다 가려내서, 일거(一擧)에 다 없애버린다 해도 악이 없어지는 것은 아니다. 사람은 선하게 살다가도 악해지고, 악한 행실로 세상을 괴롭히다가도 개과 천선(改過遷善)하여 잘 산다.

선악은 상반된 개념이어서, 선이 없으면 악이 없고, 악이 없으면 선의 의미도 없다. 악행 후에 선으로 거듭났을 때의 기쁨보다 더 큰 기쁨은 없다.

사람의 마음보다 더 간사스러운 것은 없어서 하루에도 수십 번 변한다. 변하기를 어찌나 자주 하던지 종잡을 수가 없다. 이해 관계에 얽히면 선은 제집을 떠나 악의 집을 넘나 들고, 악 또한 자기 집을 떠나 선의 영역을 기웃거린다. 그러기를 그치는 일은 없고 사람은 평생을 그렇게 살다가 간다.

선과 악은 수시로 우리의 마음속을 바꾸어 차지한다. 평생 자기 행실을 선으로 굳히며 사는 사람은 선인(善人)이라 하여 존경을 받는다. 사람의 마음은 깊은 바닷속만큼이나 측량하기가 어렵고, 언제 어떻게 변할지 아무도 모른다.

분노가 일면 가족과도 싸우고, 만심(慢心)이 생겨 오만해지면 상대방을 업신여긴다. 기만심(欺瞞心)이 생기면 남을 속여 괴롭히고, 탐욕이 생기면 남의 것을 빼앗아 자기 것으로 만든다.

시도 때도 없이 이런 생각들이 일어나 괴롭히지만 누를 길이 없다. 관대한 마음으로 분노를 이겨보려 하지만 잠시뿐이고, 겸손한 마음으로 오만을 눌러보려 하지만 잘 되지 않는다. 한 길 진실로서 기만을 이겨보려 하지만 의욕뿐이다. 적은 것에 만족함으로써 탐욕을 눌러보려 하지만 누를수록 탐욕은 더 커진다.

누더기를 걸쳐도 착한 마음으로 살면 대접받고, 먹을 것이 궁해도 마음이 행복하면 얼굴은 아름답게 보인다. 마음에 거리낀 점이 없으면 편하여 좋고, 거리낀 점이 있으면 늘 불안하여 괴롭다.

선이 좋은 것은 세상을 밝게 하기 때문이요, 악이 나쁜 것은 세상을 어둡게 하기 때문이다. 나무의 열매로 그 나무를 알 듯 사람의 행위로 그 사람을 안다. 그들의 행위가 선하면, 그들의 마음도 선하고, 그들의 행위가 악하면 그들의 마음 또한 악하다. 마음이 악한 사람은 아무리 해도 선을 행할 수가 없다.

마음에 진정한 의도가 없으면 겉으로는 좋게 보여도 선행이 아니다. 마음이 악하면서 마지못해 행한 선행은 선행이 아니다.

사람은 자기 행위의 선악을 분별 할 수 있어야 한다. 선악을 분별할 수 없으면 악을 행하고도 부끄러워하지 않는다. 잘못 판단하여 행한 일은 바로 양심의 가책을 느낀다. "무릇 지킬만한 것보다 네 마음을 지켜라. 생명의 근원이 이에서 남이니라."(경전)라고 하였다. 마음 지키는 일은 생명을 지키는 일이다. 마음 단련에 얼마나 많은 힘을 기울여야 할지 모른다. 어설프게 단련했다간 악의 미혹에 빠져 헤어나지 못한다.

양심의 망은 하늘의 망(天網)이라고도 한다. 양심의 망은 성기지만 내가 행한 악행은 그 망에서 빠져나갈 수가 없다.(天網灰灰 疏而不漏) 망의 변두리에서도 빠져나갈 구멍은 없다. 세상의 법망은 빠져나갈 수 있지만 양심의 망은 빠져나갈 수가 없다.

양심의 잣대가 곧 선악 구별의 잣대다. 양심에 가책을 느끼면 그 행위는 곧 악행이요, 양심의 가책을 느끼지 않으면 그것은 적어도 악행은 아니다.

시조 한 수 읊고 가자.

> 마을 사람들아 옳은 일 하자스라
> 사람이 태어 나서 옳지 곧 못하면
> 마소를 갓 고깔 씌워 밥먹이나 다르랴(鄭澈)

사람으로서 옳은 일 못하면 말이나 소에게 갓이나 고깔을 씌워 밥먹이는 것과 다를 바 없고, 사람이 옳고 그름을 판단할 능력이 없으면 짐승이나 다를 바가 뭐겠느냐는 시조다. 옳고 그름을 잘 판단하여 인륜(人倫)에 어긋나는 길로 가서는 절대로 안 된다.

옛말에 적선 여경(積善餘慶)이라는 말이 있다. 선한 일을 하면 자기 일신뿐만 아니라 후대 자손에게까지 경사가 넘친다는 뜻이다. 악행으로 남을 괴롭히는 자는 자손 후대에까지 재앙이 넘쳐 흐른다(積惡之家必有餘殃) 하였다.

악행이 범람하여 이 세상에는 악이 가득 찬 듯하다. 세상의 모든 악이 일어나 춤추고 노래하는 것 같다. 학교 폭력, 성폭력, 마약, 밀수, 살인 등 온갖 사회악이 일어나 활개를 치고 다닌다.

거세 개탁(擧世皆濁)이라는 말이 있다. 이 말은 2012년을 마지막 보내면서 대학교수들이 선정한 사자 성어(四字成語)다. 세상이 혼탁하여 살기 힘들다는 뜻이다. 그들이 세상을 진단하여 이렇게 채찍을 든 것이다.

뉘우치지 않고 악을 행하기를 계속하는 자는 반드시 벌을 받아야 한다. 악을 행하고도 뉘우쳐 고쳐 살지 못하면 용서를 받지 못한다. 악의 고리를 끊지 못하고 살면 징악의 철퇴를 받는다.

악을 행한 자는 악으로 망하고, 부정하게 모은 재산은 부정하게 쓰여진다. 부정하게 모은 재산은 자기를 망치는 재해(災害)가 된다.

전쟁이나 지옥은 악의 속성이고, 악마와 그늘도 악의 속성이다. 평화와 천국은 선의 속성이고, 빛과 천사는 선의 속성이다. 세상 모든 사람이 선을 행하여 살기를 힘쓰면, 세상은 전쟁도 없고, 밝은 빛 속에 천사와 교신하며 사는 평화로운 세상이 될 것이다.

23 세상은 온통 흐리고(나만 맑다)

거세 개탁(擧世皆濁)
(아독청(我獨淸))

거세란 온 세상을 말하고, **개탁**이란 모두가 혼탁하여 흐리다는 뜻이다. **거세 개탁**이란 세상이 송두리째 혼탁해져서 살기 힘들다는 뜻이다. 2012년을 마지막 보내면서 전국의 대학교수들이 한 해를 진단하여 선정한 사자 성어(四字成語)가 바로 이 거세 개탁이라는 글귀다.

한 해에 총선(국회의원)과 대선(대통령)이 겹쳐 있었던지라, 세상이 온통 군웅 할거(群雄割據)의 소용돌이가 되었다. 세상의 지식인들이 선거판에 뛰어들어 세상을 뒤흔드는 바람에, 세상이 온통 아수라장이 되었다. 세상의 중심에 서서 세상을 선도해야 할 사람들마저 파당적(派黨的)으로 갈라서서 싸웠다. 그래서 나온 말이 거세 개탁이라는 말로써, 세상을 호되게 꾸짖는 말이다.

거세 개탁이라는 말은 중국의 춘추 전국 시대(春秋戰國時代) 말기에, 초 나라의 충신 굴원(屈原)이라는 사람이 지은 어부사(漁父辭)에 실린 글이다. 굴원이 간신들의 모함으로 벼슬에서 쫓겨나 강가를 거닐며 초췌(憔悴)한 모습으로 시를 읊고 있었을 때, 한 어부 영감이 배를 저어 지나가다가 그가 굴원인 것을 알고, 어찌하여 이 꼴이 되었느냐고 그 까닭을 묻자 굴원이, "온 세상이 흐려 있는데 나만 홀로 맑고, 뭇 사람이 취해 있는데 나만 홀로 깨어 있다가 쫓겨난 것이다."라고 대답했다.(擧世皆濁 我獨淸 衆人皆醉 我獨醒 是以見放) 그러자 어부는 굴원의 처신을 크게 꾸짖었다. 그러자 굴원은, "새로 머리를 감은 사람은 갓을 털어서 쓰고, 새로 몸을 씻은 사람은 반드시 옷을 털어서 입는다."라고 답했다.(新沐者 必彈冠 新浴者 必振衣) 그리고 또 말하기를, "내 차라리 강에 빠져 물고기 뱃속에 장사를 지내는 한이 있더라도, 어떻게 깨끗한 몸으로 세상의 먼지를 뒤집어쓰고 살 수 있겠느냐."라고 말했다. 그러자 어부가 노래를 불러 화답하기를, "창랑의 물이 맑거든 내 갓을 씻고,(滄浪之水淸兮 可以濯吾纓) 창랑의 물이 흐리거든 내 발을 씻으리라."(滄浪之水濁兮 可以濯吾足)라고 하였다.

세상이 물이 맑을 때는 맑게 살고, 흐릴 때는 흐리게 사는 청탁 자적(淸濁自適)의 생활을 권했지만, 굴원의 뜻은 아무리 세상이 흐려도 나는 굽히지 않고 맑게 살다 가리라(我濁淸)는 것이었다.

온 세상이 탁할 대로 탁해 지위의 고하를 막론하고, 모든 사람이 다 탁하게 오염되어 썩을 대로 썩으면 홀로 깨어 살기가 힘들다. 그런데도 뜻을 굽히지 않고 청백리(淸白吏)의 지조를 지켰던 청렴(淸廉)한 벼슬아치들이 있었다.

청백리의 똥구멍은 송곳 부리 같다는 말이 있다. 어찌나 청백하던지 백성들로부터 재물을 긁는 일이 없어 먹는 것이 여족치 못한지라, 배설하는 것이 적어 항문 구멍이 송곳 부리만큼이나 좁아졌다는 뜻이다. 먹을 것이 많으면 배설하는 것도 많아 펑펑 쏟아낼 터이지만, 그러지 못하니 서글픈 이야기가 아닌가. 어찌나 청렴하던지 추운 겨울에도 방에는 불기가 없고, 처자식 먹여 살리는 일에도 궁하지만 부끄럼 없이 살면, 이웃과 나라에도 당당하여 좋을 것이다. 이런 사람들은 청백리(淸白吏) 또는 청리(淸吏)라고 하여 대접했다.

가렴 주구(苛斂誅求)라는 말이 있다. 가혹하게 세금을 긁어 들이고 무리하게 재물을 빼앗아 배를 채우는 것을 말한다. 백성들의 배고픔은 안중에도 없고, 나만 배부르면 된다는 못된 관리들을 지탄하여 하는 말이다. 이들의 항문 구멍은 수도관처럼 커서 펑펑 쏟아져 나와 주체하지 못할 것이다.

윗물이 맑아야 아랫물이 맑고, 윗물이 맑지 않은데 아랫물이 맑을 리가 없다.(上濁下不淨)

세모(歲暮)에 대선이 겹치니 분위기가 어수선했다. 역사는 승자만을 기억한다 하였다. 패자는 갈피를 잡지 못해 아직은 우왕 좌왕(右往左往)이다. 한때 기함을 토하며 좌충 우돌(左衝右突)하던 그들은 풀이 죽어 안쓰럽다. 그들의 무너진 축을 일으켜 세우고, 새로 들어선 축이 잘 부추겨 나가면 세상은 곧 좋아져서 힘을 얻을 것이다.

거세 개탁이라고 개탄(慨歎)하던 교수들도 이제는 마음을 돌려 학문 연구에 전념하고, 후세들을 바르게 길러 좋은 동량(棟樑)들을 길러내야 한다.

옛날에 어느 한 임금이 자기 나라에는 자랑할 것이 하나 있다고 했다. 금은 보화가 많은 것이 자랑이냐고 물었더니, 자기 나라에는 그런 것은 없고, 자기 구석을 비추는 사람들로 가득 차 있다고 했다. 그것이 곧 자기 나라의 자랑이라고 했다.

위정자(爲政者)는 위정의 자리에서 자기 구석을 잘 비춰야 하고, 공장에서 일하는 분들은 자기가 만든 물건이 가장 좋은 물건이 되게 하고, 부모는 가정에서 잘하여 가정을 행복의 요람지로 만들고, 교사는 자기가 가르치는 제자들이 세상을 건설하는 좋은 놈들이 되게 해야 한다. 경찰관은 밤을 새워서라도 도적의 뒤를 좇아야 하고, 군인들은 나라를 잘 지키는 훌륭한 조국의 간성(干城)이 되어야 한다.

세상 모든 사람들이 자기가 맡은 일을 잘하면 자기의 구석을 잘 비추는 사람이 된다. 그러면 세상은 혼탁하지 않고 거세 개정(擧世皆淨)의 살기 좋은 곳이 될 것이다.

2012년을 처음 시작할 때는 잘못된 생각을 버리고 바르게 살자고 해놓고(破邪顯正), 연말에 가서는 세상이 온통 흐려졌으니(擧世皆濁) 크게 잘못된 일이다. 금년을 거울삼아 2013년에는 시작도 좋고 끝도 좋은 시종 여일(始終如一)의 좋은 한 해가 되기를 기원한다.

거세 개탁이라는 말과 비슷한 말로 혹세 무민(惑世誣民)이라는 말이 있다. 혹세란 어지러운 세상을 말하고, 무민이란 사람들이 서로 미혹하고 속이는 것을 말한다. 이런 일에 덩달아 춤을 추다간 자기도 망하고 세상도 망하게 된다. 다스리는 자가 잘 다스리고, 백성들이 도리를 다하여 살면 세상은 살기에 편하고 아름다운 곳이 된다.

서로 미워하고 헐뜯고 속이지 않고, 남을 칭찬하고 도와주고 협력하여 살면, 침울한 사람의 눈에는 보이지 않는 행복의 화원이 다가오는 것을 보게 될 것이다.

24 형용(形容)이 좋은 방향으로 확 달라짐
환골 탈태(換骨奪胎)

환골이란 뼈대를 바꾸어 끼는 것을 말하고, **탈태**란 태를 빼앗는 것을 말한다. 뼈대를 바꾸어 끼니 전혀 다른 형태의 몸이 되고, 태를 꺼내어 빼앗으니 여성의 성(姓)이 바뀔 수도 있다. **환골 탈태**란 형용(形容: 모양)이 전보다는 훨씬 더 좋은 것으로 달라지는 것을 말한다. 다시 말하면 바른 마음을 갖게 되니 용모가 환하게 트이고 아름다워져서 전혀 다른 사람이 되어 보이는 것을 말한다.

세상 모든 일은 내용이 바뀌면 외모도 바뀌어 달라지는 경우가 많다. 외모를 바꾸고자 하여 연지 곤지만 잘 바르면 되고, 속은 그대로 놔두고 겉만 잘 다듬으면 되는 것으로 생각하기가 쉽다.

여인들 중에 화장을 하지 않고 민얼굴로 다니는 여인들이 많다. 첫째로는 자기 얼굴에 자신이 있기 때문이요, 둘째로는 게을러서 그런 시간을 내지 못하기 때문이요, 셋째로는 얼굴 치장에 소비할 돈이 아까워서 그러는 것이라고 한다. 이유야 모두 그럴듯하지만 남녀 할 것 없이 외모에 관심이 없는 사람은 거의 없다.

외모가 그 사람 전부를 말하는 것이 아닌데도, 눈에 비치는 그것으로 사람의 전부를 평가하는 경우가 많다. 집안일은 바쁘고 언제 얼굴에 손댈 시간은 없고 하면, 그냥 있는 그대로 밖에 나오는 경우가 많다. 평범하고 허물 없는 자리는 그럴 터이지만, 소중한 자리에 나올 때는 아무리 게으른 여인도 그냥 그대로 나오지는 않는다. 나 개인적으로는 여인들이 얼굴을 화장하여 꾸미는 것을 찬성하는 편이다. 팔도강산이 그려져 있는 얼굴보다는 훨씬 더 보기가 좋기 때문이다. 그것이 곧 서로 어울려 사는 인간 관계의 시작이기도 하다.

요사이 젊은 여인 중에 외모 지상주의에 빠져, 이마가 좁으면 생머리를 뽑아 이마를 넓히고, 눈이 밋밋하게 보이면 눈까풀을 만들어 보기 좋게 하고, 콧대가 낮으면 콧대를 일으켜 세우고, 턱이 부실하면 턱뼈를 깎아 다른 뼈를 넣어 세운다. 그러다가 일이 잘못되면 울고불고 난리를 친다.

나는 평생을 얼굴에 뭣인가를 발라 꾸미는 일이 없이 살았다. 비누조차 쓰는 일이 거의 없고 얼굴은 맨손으로 문질러 세수를 한다. 미안수 같은 것은 평생 바른 일이 없이 살았으니, 따지고 보면 고지식하고 미련하기 그지없는 사람이다. 그렇다 해서 그 돈으로 집 한 채 더 산 것도 아니다. 예부터 길들여온 구각(舊殼)을 깨지 못하여 그렇게 하고 있다. 평소 섭생(攝生)을 잘하고 사니 건강에는 별 이상이 없다. 세끼 밥 잘 챙겨서 먹고 적당한 휴식과 다동(多動)으로 건강의 본을 삼는다. 이렇게 하는 것을 일러 섭생이라고 한다. 이것은 한 치의 거짓도 없는 나의 진실한 건강법이다.

내가 건강을 유지하며 사는 것은 소반(素飯)으로 식사의 본을 삼고, 많이 움직이며 산 탓이겠지만, 마음속은 그렇게 건강하지는 못하다.

하루에도 수십 번 마음은 천국과 지옥을 오르내린다. 외관이 좋은 것만으로 사람의 가치를 평가하지는 않는다. 번쩍인다고 다 금인 것은 아니듯,(All is not gold that glitters.) 겉이 좋다 하여 그 사람 모두가 좋은 것은 아니다.

속이 잘못된 사람은 속을 뜯어고쳐야 하고, 속이 고쳐지면 그것이 얼굴로 새어나와 아름다운 얼굴이 된다. 이런 것을 일러 진짜 환골 탈태라 한다.

한 대학교수가 정치권이 부패 타락했다고 혁신해야 한다고 정치권에 뛰어들었다. 정치권의 그런 구태(舊態)가 하루아침에 고쳐지는 것은 아니고, 환골 탈태의 고통을 겪지 않으면 안된다. 환골 탈태는 뼛속 깊은 곳에서부터 시작되어야 하고, 단순한 구호만으로는 변죽밖에 울리지 못한다.

외모만을 아름답게 꾸미고, 속에서는 온갖 추한 것이 득실거려서는 안 된다. 고귀한 마음은 누더기 속에 감추어져 있다(Fine linen often conceals a foul skin.)고 한다. 외모를 잘 가꾸고자 하면 먼저 마음을 잘 가꾸어야 하고, 마음이 잘 가꾸어지면 외모는 저절로 그 빛이 새어나와 아름답게 보일 것이다.

옛글귀에 의하면, 몸에 난 피부며 모발 하나도 부모로부터 받은 것이니, 이를 손상해서는 안 된다고 하였다.(身體髮膚受之父母) 이를 잘못하여 손상하면 부모에 대한 불효요 죄악이라고 했다.(不敢毁損孝之始也) 관능적으로 덜 아름답게 보인다 하여 칼을 대서 뜯어고치는 일은 안된다. 특별한 경우가 아니면 받은 그대로를 소중하게 가꾸어 빛나게 해야 한다. 외모만 고쳐 새 사람처럼 보이게 했다 해서 환골 탈태하는 것은 아니다. 진실하고 소박한 데서 사람의 가치와 깊이를 느껴야 한다.

외모가 사랑이 생기기까지는 필요할지는 몰라도, 평생의 깊은 애정과 행복을 약속해주는 것은 아니다. 속이 잘 차 있지 않은 미모는 쉬 싫증이 나고, 사람 간의 관계를 소원(疏遠)하게 한다.

취생 몽사(醉生夢死)를 일삼던 사람이 부지런히 일하는 사람이 되고, 남을 속이고, 부모에게 불효하고, 남과 분쟁을 일삼던 사람이 좋아져서 새 사람으로 거듭났다면, 이런 것을 일러 환골 탈태라 할 것이다.

권모 술수(權謀術數)와 부정 부패를 일삼던 위정자(爲政者)가, 새로운 사람으로 거듭나 국리 민복(國利民福)에 헌신하는 사람이 되었다면, 이런 사람을 일러 환골 탈태했다 할 것이다.

중국 전한(前漢)의 초대 황제였던 유방(劉邦)이 한 말이 기억난다. "사람을 의심하면 쓰지 말고(疑人莫用), 쓰면 의심하지 말라."(用人勿疑) 하였다. 아무리 어려운 일을 당해도 뜻이 변하지 않고 믿음을 주는 사람이 되었다면, 환골 탈태한 사람이 되었다 할 것이다. 이런 일은 하루아침에 이루어지는 것은 결코 아니다. 수없이 많은 시련과 고통을 겪은 후에 이루어진다. 한 번 쓰면 영원히 의심치 않아도 되는 그런 신실한 사람이 될 때 진짜 환골 탈태된 사람이 되었다 할 것이다.

남의 돈을 보면 눈이 뒤집히는 자, 술이나 마약으로 정신이 흐려 사는 자, 거짓과 기만으로 남을 속이며 사는 자, 남의 버톡스를 보면 손이 간지러워 못견디는 자, 감옥으로 가는 길은 한없이 넓고(大道), 그 감옥에는 문도 없이 트여 있어서 가로막는 자도 없다.(無門)

환골 탈퇴하여 바른 마음으로 살아야 한다. 버릴 것을 버리지 못하면 마음은 늘 지옥처럼 어둡다. 누더기 옷을 입고 다녀도 마음이 편하면 왕후 장상(王侯將相)이 아닌가. 마음이 바른 자가 건강하고 수(壽)를 늘리며 사는 세상이 되어야 한다. 적은 것에 만족하며 살면 탐심이 없어지고, 부드럽고 너그러운 마음으로 살면 분노를 이긴다. 한 길 진실한 마음으로 살면 허위와 기만이 없어진다.

25 묵은 해를 보내고 새해를 맞음

제구 포신(除舊布新)

제구란 말은 옛것을 제하여 보내는 것을 말하고, 포신이란 새로운 것을 받아들여 펼치는 것을 말한다. 묵은해를 보내고 새해를 맞이한다는 송구 영신(送舊迎新)이나 다름이 없는 말이다.

이 글귀는 2013년을 새로 맞이하면서 전국에 있는 대학교수들이 새해의 기원을 담아 선정한 글귀다.

동지(冬至:12.21)를 넘기면 하루에 밤의 길이가 소 한 마리의 길이만큼 짧아진다고 한다. 오늘은 동지가 지난 지 열흘이 되었으니 분초(分秒)로 따지면 얼마나 짧아졌는지는 알 길이 없으나, 기분상으로는 소 열 마리의 길이만큼이나 짧아진 것 같은 느낌이 든다.

그러는 가운데 2013년 새해를 맞이했으니, 이제부터는 계속 내리막으로 치달아, 밤과 낮의 길이가 똑같은 춘분(春分)에 이를 것이다. 그때까지는 긴 밤과 싸워야 하고 살을 에는 추위와도 싸워야 한다. 나이가 들면 긴 밤이 싫고 추위가 싫어서 몇 마디 했다.

아직은 설한(雪寒) 중에 있는지라 봄을 생각하기가 어렵지만, 봄의 서기(瑞氣)는 멀리에서 몰려올 채비를 하고 있을 것이다. 하룻밤 차이로 어제는 옛것이 되고 오늘은 새것이 되었고, 어제는 과거가 되고 오늘은 현재가 되었다.

하루의 시간이나 한 해의 구간을 이렇게 만들어 놓고 사니 참 편리해서 좋다. 오늘부터는 새해의 하루하루가 차례를 갖추어 밀려올 것이다. 작년 한 해는 영원한 과거로 묻히고, 금년 한 해도 하루씩 헐어서 살다 보면 순식간에 가버릴 것이다. 그러기를 계속하다 보면 한 인생도 수(壽)를 다하여 가고, 영원 무궁한 세월의 흐름 속에 묻힐 것이다. 지나간 세월도 일순으로 흘러가 버리고, 언젠가는 내가 이 세상에 와서 살다 갔다는 흔적도 없이 되고 말 것이다. 영원의 세월에 비하면 내가 산 세월은, 고작 작은 점 하나를 찍고 가는 것이 된다.

그 작은 점 중에 금년 한 해의 첫날을 맞이했으니 감회가 없지 않다. 어찌나 힘들었던지 한 해를 보내는 홀가분함이 크고, 새해를 맞이하는 기대도 크다. 그래서 한 해를 즐겁게 맞이한다 하여 영신(迎新)이라는 말로 새해를 맞는다.

금년은 작년보다는 더 나으리라는 기대감으로 시작한다. 그래서인지 해돋이 명소에는 인산 인해(人山人海)의 인파가 모여 새해를 맞는다. 힘차게 밀고 올라오는 태양은 웅위 찬란(雄偉燦爛)한 광채를 발하며 올라온다. 한 해의 명운(命運)이 걸린 듯 엄숙한 기원으로 새해를 맞이한다. 떠오르는 해를 맞이하는 그들의 눈망울은 빛나고, 가슴은 새로운 희망과 열정으로 고동친다. 설레는 마음으로 욱일 승천(旭日昇天)의 해를 맞이했으니, 이것이 곧 한 해를 맞는 우리의 마음이요 자세다. 이미 끝나버린 것을 고민하고 슬퍼해봤자 아무 소용이 없다. 흘러간 것으로 무엇을 해보려고 해봤자 되는 것이 아니다. 하루하루

밀려오는 시간 속에서 몸바쳐 일하고, 추구하고, 바라며 사는 데서 행복을 찾아야 한다. 아직도 과거에 대한 불만과 슬픔으로 차 있는 사람은, 새 아침의 태양 앞에 겸연히 나와 새로운 각오를 해야 한다.

죽음에 이르는 병을 절망이라 하였다. 절망에서 헤어나지 못하고 살다가는 죽음에 이르는 병에 걸린다. 신이 우리에게 절망을 보내는 것은 우리를 죽이려 함이 아니요, 우리 속에 새로운 생명을 불러일으키려 함이다. 절망은 비겁한 자에게 용기를 가져다 주어(Despair gives courages to a coward.) 자기를 파괴하게 한다.

희망은 오늘 속에 있고 오늘을 잘 살고자 하는 자에게만 있다. 희망은 열심히 살고자 하는 자에게 용기와 힘을 준다. 희망을 품은 자는 아무리 어려운 일도 쉽게 하고, 절망을 가진 자는 아무리 쉬운 일도 어렵게 한다.

희망을 품고 힘내어 살자. 마음에 열정이 없으면 살 재미도 없다. 뜨거운 열정과 사랑을 가지고 살자. 하고 싶은 일에 정력을 다 바쳐, 나도 할 수 있다는 자신감을 가지고 살자.

미래는 아직 오지 않았고 오직 현재만이 존재할 뿐이다. 오직 현재 속에서 열심히 일하고, 고민하고, 소망하고, 성취하며 살아야 한다. 진정한 생활은 현재뿐이다. 현재의 시간을 잃어버리는 것은 곧 모든 시간을 잃어버리는 것이 된다.

지난해의 잘못을 너무 나무라서는 안 된다. 조금 잘못했더라도 열심히 일했으면 된다. 세상에 잘못하지 않는 사람은 없다. 잘못했더라도 이해와 관용으로 용서해주어야 한다.

한 시대가 끝나고 새로운 시대가 열리고 있다. 손뼉을 쳐서 지난해를 보내야, 새 시대가 환한 미소로 다가온다. 역사의 평가서는 당장에 나오는 것은 아니다. 한참 세월이 흐른 다음에 나온다. 지금은 호된 매를 맞아도 잘한 일은 언제 알아도 알게 된다.

내 맘에 들지 않는다 하여 남을 미워해서는 안 된다. 남을 미워하면 그 고통이 나에게로 돌아와 나를 괴롭히는 재앙이 된다.

우리 모두 바른 생각으로 바르게 살 때 그것이 안보요 국력이다. 국운 융성(國運隆盛)은 그냥 오는 것이 아니다. 지금까지 쌓아올린 것을 소중히 여기고, 그 위에 쌓아 올릴 때 온다. 수레의 짐이 무거우면 다 같이 끌어야(Pulling together) 한다. 그래야 국운 융성의 물결은 도도히 흘러 들어온다.

옛말에 수도 선부(水到船浮)라는 말이 있다. 나라의 통치자가 임기를 마치고 물러나면서 한 말이다. "물이 불어나면 배가 저절로 떠오른다."는 뜻이다. 배가 뜨려면 물이 있어야 한다. 지금까지 길러온 국력을 바탕으로 새해의 돛을 높이 올리고 힘차게 나아가야 한다.

금년 한 해 동안 남을 해칠 생각을 해서는 안 되고, 폭력으로 남을 괴롭혀서는 안된다. 부정과 비리를 저질러서는 안 되고, 열심히 몸바쳐 일해야 한다. 서로 돕고 의지하며 살고, 정직하고 바르게 사는 데서 기쁨과 행복을 누려야 한다.

마지막으로 지구촌 곳곳에 전쟁이나 분쟁이 없고, 질병과 기아가 없고, 평화의 기운이 넘쳐흘러 자유를 구가하며 사는 한 해가 되기를 기원한다.

26 우물 안의 개구리격

좌정 관천(坐井觀天)

좌정이란 우물 안에 앉는 것을 말하고, **관천**이란 하늘을 쳐다보는 것을 말한다. 우물 안에 앉아 있으니 보이는 곳이라고는 하늘밖에 보이지 않는다. 우리 말 속담에 '우물 안 개구리' 라는 말이 이에 딱 들어맞는 말이다.

방 안에 있으면 우리 시야는 방 안으로 한정되지만, 밖으로 나가면 둘러싸인 산이 보이고, 하늘이 보인다. 그러다가 산 위에 올라서면 높고 푸른 만리 장천(萬里長天)이 한눈에 들어온다.

우리는 모두 처음에는 좁은 공간에서 태어나 그곳을 거소(居所)로 삼아 산다. 그곳에서 정을 부쳐 살면 작은 공간이 성(城)처럼 넓은 곳이 되고, 수시로 들락거리는 새의 둥지나 다름없는 다정한 곳이 된다. 그러다 보면 잠시도 떠나서는 살 수 없는 아늑한 곳이 곧 우리들의 집이다.

집에서 나와 이웃집에도 놀러 가고, 유치원에도 가고, 학교도 가고, 좀 더 크면 더 먼 곳에도 간다. 처음에는 엄마 등에 업혀 가지만, 다리에 힘이 오르면 혼자서도 걸어서 간다. 어릴 때에는 밖에 나와 오래 머물지를 못한다. 집이 늘 그립고, 밖에서의 혼자는 늘 불안하고 두렵기 때문이다.

세계가 아무리 넓다 해도 집처럼 좋고 아늑한 곳은 없다. 식구들 간의 작은 간섭이 있고, 구속이 있기는 해도 집보다 더 편안한 곳은 없다.

집은 우리가 평화와 안식을 누리는 곳이고, 밖의 위해로부터 보호받는 곳이다. 밖의 모든 공포와 폭력과 시기와 질투로부터 해방되는 곳이다. 사람에게 집이 이렇게 좋듯, 개구리에겐 우물이 그렇게 좋다. 그곳을 떠나 밖으로 나왔다간 다른 것의 밥이 되어 처참한 최후를 맞는다.

개구리에겐 우물은 하늘처럼 넓고 편안한 곳이다. 그곳을 독차지해서 마음껏 울어대고(蛙鼓), 마음껏 헤엄치며 노니 이곳은 그의 천국이다. 머리 위로 비행기가 날면 비행기를 보고, 새들이 날아가면 새들을 보고, 해를 보고, 달을 보고, 별들이 흐르는 것을 본다. 봄이면 꽃이 피고, 여름이면 방초(芳草)들이 우거지고, 가을이면 낙엽이 떨어져 두둥실 떠가고, 구름이 하늘을 건너 어디론가 가고, 비가 내리고, 서리가 내리고, 눈이 오고, 이곳 우물 안에도 사철의 변화는 계속된다.

우물에서 하늘로 뚫린 원추형 공간이 그의 공간이요, 그가 보고, 듣고, 즐기는 유일한 공간이다. 우물 안 개구리는 우물 밖에 끝없이 넓은 세상이 있는 줄을 모른다.

하는 생각이 좁고, 하는 행동이 좁으면 소갈머리가 좁다 하여 우물 안 개구리와 같다고 한다. 때로는 좌정 관천격이라 하여 놀려대기도 한다.

개구리는 아들 손자 많이 낳아서 대가족이 되고, 하늘 밑 한가족이 되어 오순도순 산다. 때로는 긴 짐승이 들어와 그들을 위협하고, 잘못하다가 잡히면 긴 몸으로 칭칭 감아 조여 죽인다. 장난꾸러기들이 돌을 던지면 수난을 당해 비참하게 죽는다. 식용 개구리는 미식가들의 밥이 되어 밥상에까지 올라와 그들의 미각을 돋운다. 이것이 개구리의 운명이요, 일생사(一生史)다.

나의 고향은 전라도 함평이다. 내가 그곳에서 나서 그곳에서 고등학교를 마쳤다. 그러다가 광주로 옮겨와 광주에서 대학을 다녔다. 내가 광주로 나온 것은 와룡(臥龍)선생의 상경기(上京記)에 상당하는 큰 사건이고, 우물 안 개구리가 우물을 뛰쳐나온 큰 전환점이 되는 사건이다.

개구리가 앞으로 뛰고자 하면 온몸을 힘껏 뒤로 젖혀 뛴다. 뒤로 몸을 젖히는 정도에 따라 개구리의 뛰는 거리는 결정된다. 개구리처럼 힘차게 살려는 뜻은 있었지만, 무슨 큰 대망(大望) 같은 것은 없었다. 그저 막연하게 밥벌이나 해서 밥이나 굶지 않고 살았으면 했다.

함평의 공기는 따듯하고 온화했지만, 광주의 공기는 더 차고, 하늘은 더 넓었다. 대학 캠퍼스를 누비며 꿈도 키우고 미래도 생각해 봤지만 막막했다. 교편을 잡게 되었지만, 명강의라고는 한 번도 해보지 못하고, 교직 인생을 마쳤다. 그러는 가운데 외국 하늘도 구경하고 그곳 사람들을 만나 이야기도 했다. 그곳에 가서 공부도 하고 관광 명소도 찾아 구경도 했다. 순탄하고 평범 무비한 인생 여정이었다.

인간은 세월이 지나면 어떻게든 변한다. 처음에는 요람(搖籃)에서 태어나 우여곡절(迂餘曲折)을 겪으며 산다. 겉으로는 조용한 것 같아도 끝없는 고뇌와 회오(悔悟)와 절망이 밀려온다. 때로는 장미꽃이 만발한 화원도 있었지만, 그렇게 좋은 것은 오래가지 못한다. 자기와의 싸움은 무한하고 끝날 날이 없이 이어진다. 이것이 인생이다.

우물 안이 좋다 하여 그곳에 영원히 머무를 수는 없다. 바깥 세상에 나와 보면, 나를 저울질하려는 거센 바람이 분다. 이 넓은 세상에서 인간은 그가 서 있는 곳의 하늘을 떠받치며 산다. 우리에게 잡히는 것은 부단하게 변화하는 현상들 뿐이다.

지금은 우물 안에 가만 있지 않고 우물 안에서 나와 동서남북을 누비며 돌아다닌다. 저쪽 사람이 이쪽으로 오고, 이쪽 사람이 저쪽으로 간다. 그냥 오고 가는 것이 아니고, 돈을 뿌리고 가고 돈을 쓰고 온다. 저쪽 것을 배워오고 이쪽 것을 와서 배우고 간다. 세계가 하나로 어울려 사는 지구촌 시대가 되었다.

세상은 조용한 것 같아도 움직임이 있고 움직임 속에 고요가 있다. 이것이 곧 이 세상 사람들이 살아가는 모습이다. 요람을 박차고 태평양을 뛰어라. 뛰지 않고 있다간 뒤처지고, 뒤처지면 죽는다. 지금은 분주하게 움직여 일할 때이고, 아무리 분주할 때라도 여유와 침착을 잃어서는 안 된다.

요람에서 나오면 이승의 생활로 이어지고, 이승의 생활이 끝나면 그것으로 인생은 종결된다. 그간 만족하게 살았으니 더 이상의 어떤 것도 필요가 없다고 하면 할 말이 없다. 그간 진절머리나게 지겨운 삶을 살았으니 아무리 좋은 것도 싫다고 하면 할 수가 없다. 그러나 사람의 생각 저변에는 아무리 지겹고, 아무리 오래 살았어도 더 잘 살고 더 오래 살고 싶은 욕망이 있다.

지금 사는 삶에 또 다른 힘을 얻고자 하고, 더 용감하게 현실에 뛰어들어 더 힘차게 살고자 하면 내세(來世)에 대한 소망을 지녀보라 한다. 생의 허무를 쫓고 삶을 보다 더 뜻있게 살고자 하면 신(神)을 믿어보라고 한다. "신을 믿는 것은 인생의 힘을 얻는 것이다"(톨스토이)라고 했다. 요람에서 무덤까지, 무덤에서 영원까지는 우리 모두의 도전이요 소망하는 바가 된다. 우물 안 개구리처럼 한 곳에 묻혀, 그곳을 영원한 거소로 삼아 살 때는 이미 지났다.

27 세상 일에 운명이 아닌 것이 없다

막비명야(莫非命也)
(순수기정(順受其正))

막비란 말은 아닌 것이 없다는 뜻이고, 명야란 말은 운명에 달려 있다는 뜻이다. 막비 명야란 말은 모든 것이 운명에 달려 있지 않는 것이 없다는 뜻이다. 세상 모든 일이 운명이 아닌 것은 없지만 (그중에 바른 것은 고분고분 따르겠다)는 뜻이다.

인생이란 사람으로 태어나서 사람으로 살다가 사람으로 죽는 것이다. 이 길은 이미 정해진 운명의 길이요, 이 길을 벗어나서는 살 수가 없다. 어느 선지자는, "인생을 마감하고 이 세상을 떠나려 하니 그 긴 인생도 한 조각의 꿈만 같다."라고 했고, 또 다른 선지자는, "나비처럼 잠시 퍼덕이다가 죽으면 그것으로 끝나는 참 허망한 존재"라고 했다. 어느 한 승려이자 문인은, "이 세상에 태어난 것은 한 조각의 구름이 일어난 것과 같고, 죽는 것은 한 조각의 구름이 사라지는 것과 같다."(生也一片浮雲起 死也一片浮雲滅)라고 하였다.

처음에 태어날 때는 검은 머리로 태어나 살다가, 세월이 한참 흐르면 그 세월의 무게를 이기지 못하여 하얀 민들레가 되어 사라진다. 사람의 머리(髮)도 젊었을 때는 검고 무성하지만, 나이가 들면 세월의 바람이 거의 다 뽑아가버린다. 그리하여 종래에는 황량하기 그지없이 된다. 뒤편에 몇 개 남아 있는 것도 언젠가는 다 뽑혀 없어지고 말 것이다.

그간 파란 만장(波瀾萬丈)의 인생을 살았지만, 뒤돌아보니 눈 깜짝할 사이에 흘러가 버렸다. 운명론자(運命論者)들은 우리가 이 세상을 사는 것은 이미 정해진 길을 가기 위해서 사는 것이라고 한다. 사람은 누구나 다 죽는다. 죽지 않고 영원히 사는 자는 아무도 없다. 이것이 곧 인간의 운명이다. 이 길은 자연의 길이고 피할 수 없는 누구나의 길이다. 사는 것은 자연의 한 부분이고, 죽는 것 또한 자연의 한 조각이 되어 자연 속에 묻힌다.

우리가 생각하는 것, 말하는 것, 행동하는 것 모두가 이미 정해진 것이어서 피할 수 없는 것이다. 오늘 아침에 배가 아팠으면 배가 아프게 되어 있었던 것이고, 발을 헛디뎌 다리를 부러뜨렸으면 그렇게 되도록 정해진 일을 당했을 뿐이다. 비행기를 타고 가다가 수백 명의 승객이 추락 사고로 사망했다든지, 전쟁터에서 수없이 많은 병사가 생명을 잃었다면, 그들 모두는 그렇게 죽도록 똑같은 운명을 타고난 사람들일까. 운명론을 믿는다면 그렇게 봐버리는 것이 옳을 것이다.

한 남자가 한 여인을 만나 행복하게 잘 살았으면 그들은 호운(好運)을 타고난 사람들이고, 살다가 별리(別離)의 비운(悲運)으로 갈라섰다면 불운(不運)으로 운명 지어진 사람들일 것이다. 높은 권좌(權座)에 앉아 무소 불위(無所不爲)의 권력을 휘두르며 산다든지, 타고난 재운(財運)이 좋아 수롱 천금(水弄千金)을 누리는 팔자가 되었다면, 이들 모두는 타고난 팔자가 좋아서 그런 것일 것이다.

평생을 눈먼 사람으로 살거나, 팔다리가 없는 사람으로 살고, 밥이 없어서 밥 굶기를 다반사로 하는 사람들은, 더 나빠질 수 없을 만큼 비참한 운명으로 사는 사람들이다. 그들은 그것을 운명으로 체념하고 안심하며 사는 사람들일 것이다.

일포식(一飽食)도 재수(財數)라는 말이 있다. 음식 한 번 실컷 얻어먹을 수 있는 것도 운수가 좋아야 한다는 말이다. 모사(謀事)는 재인(在人)이요, 성사(成事)는 재천(在天)이라는 말이 있다. 일을 꾀하는 것은 사람이 하고, 그 일의 성패를 가름하는 것은 하늘이 한다는 말이다.(Man proposes, God disposes.) 사람의 일생을 지배하는 것은 지혜가 아니요 운이다.(It is fortune, not wisdom that rules man's life.) 이 세상에 운과 관련된 말들이 너무 많아, 마치 운이 이 세상을 지배하고 있는 것처럼 느껴지기도 한다.

사람의 생년, 월, 일, 시를 사주(四柱)라고 한다. 이 지구상에 사주팔자가 같은 사람들이 많다. 그들은 같은 길흉 화복(吉凶禍福)을 겪으며 살아야 사주팔자의 운명론이 맞는 것이 된다. 그러나 같은 사주팔자를 가지고서도 각각 다른 운명으로 사니, 사주팔자의 운명론이 맞는 것인지는 나도 모른다.

운명이란 인간의 의지와는 상관없이 초인간적인 위력으로 지배하는 길흉 화복을 말한다. 그러나 운명은 강한 자에게는 약하고, 약한 자에게는 강하다고 한다. 흉사가 밀고 들어오다가도, 이쪽에서 강한 힘으로 버티어 서면 들어오지 못하고 물러선다. 세상을 살되 늘 힘을 갖추어 살고, 어떤 일이 일어나더라도 당당하게 맞서 싸워 이겨야 한다. 운명 앞에 나약한 자세를 취하면 운명은 더 강한 힘으로 밀려와 우리를 덮쳐 무너뜨릴 것이다.

시조 한 수 읊고 서서히 쉬어 가자.

이런들 어떠하며 저런들 어떠하리
만수산 드렁칡이 얽혀진들 어떠하리
우리도 이같이 얽혀서 백 년까지 누리리라.

만수산의 드렁칡이 이리저리 뒤얽혀서 살아가듯, 고려니 이조니 따질 것 없이 둥글둥글 얽히어 살면서 영화를 누려보는 것이 어떻겠냐는 시조다.

이태조 이성계의 다섯째 아들 이 방원(태종)이 고려의 충신 정몽주를 회유(懷柔)코자 술잔치를 베풀어 이 노래를 건넸으나, 그는 되레 단심가(丹心歌)를 불러 그의 충절을 표시했다. 그의 뜻을 굽힐 수가 없는 것을 알고, 집으로 돌아가는 그를 선죽교(善竹橋)에서 척살(刺殺)해 버렸다. (척살이란 칼로 찔러 죽이는 것을 말한다.)

그의 앞에 다가오는 운명의 미소를 단호히 거절하고 죽음으로 맞서 싸웠다. 이것이 곧 정몽주의 운명이었고, 그는 이런 운명과 맞서 싸우는 힘든 길을 선택한 것이다.

세상 모든 일이 운명이 아닌 것이 없다고 하면, 그저 주어지는 대로 받아 행하면 편하여 좋을 것이다. 그러나 무슨 일이 닥쳐오든 분투 노력(奮鬪努力)으로 싸워 이기는 것을 운명으로 생각하고 열심히 살 일이다. 요망스럽기 그지없는 운명의 장난에 농락당하지 말고, "운명아 비켜라, 내가 간다."라고 해보라. 그래도 운명이 불퇴전(不退轉)의 기세로 다가오면, 그를 붙들고 한바탕 결투를 해서 혼을 내줌이 어떨까 한다.

28 병아리의 위대한 탄생

줄탁 동기(啐啄同機)

줄탁(啐啄)**이란 계란 속에서 병아리 새끼가 지껄이면(쪼면) 어미 닭이 그 소리를 듣고 그 자리를 입으로 쪼는 것을 말하고, 동기**(同機)**란 그 일이 동시에 이루어지는 것을 말한다. 줄탁 동기란 병아리가 계란 안에서 껍질을 깨고 나오려고 할 때, 어미 닭이 그 껍질을 부리로 쪼아 트고 나오게 하는 것을 말한다.**

언젠가 어느 대학 병원을 드나들다가, 병원 한쪽 구석에 줄탁 동기라는 말을 한문으로 새겨진 비석을 발견하게 되었다. 왜 저 글귀가 저기에 새워져 있는지 잠시 생각에 잠기게 되었다.

이 글귀는 어미 닭과 계란 속의 병아리 사이에 일어나는 일을 나타내는 글귀다. 어미 닭이 계란을 20일 정도 품어주면, 병아리는 알을 깨고 밖으로 나올 준비를 한다. 안에서 쪼는(지꺼리는) 병아리 소리를 듣지 못하면 그 일은 영원히 무위한 것이 된다. 계란 밖과 계란 안은 한 겹의 껍질로 구분되어 있지만, 그들에겐 엄청나게 두꺼운 벽과 같은 것이어서, 양쪽의 교감이 일어나기 어려운 사이가 된다.

그러나 어미는 계란 안에서 일어나는 병아리의 동정(動靜)을 다 알고 때가 차기를 기다린다. 그러다가 양쪽이 힘을 합쳐 동시에 알을 깨뜨려 이 일을 성사시킨다. 한낱 미물에 지나지 않는 닭과 병아리가 하는 일치고는 너무 신비스럽고 감동적이라 할 만큼 위대하다.

자연 속에 서식하는 모든 생물들은 각자의 특이한 방법으로 증식(增殖)하여 그들의 생명체를 보존한다. 모두가 다 신비스럽고 경이적이라 할 만큼 위대하다. 모든 것들이 생명을 얻어 이 세상에 나와 살면서, 생로병사(生老病死)의 과정을 거쳐 살다가 간다. 살아 있는 자가 영원히 살고, 죽는 자가 아무도 없다면 이 세상은 산 자들로 가득 차서 아비 규환(阿鼻叫喚)의 생지옥이 될 것이다. 그러나 시시 각각으로 새 생명이 태어나고, 그들이 살다가 죽고, 그렇게 해서 생명 순환의 영원한 길이 트인다.

줄탁 동기라는 글귀가 왜 병원의 한쪽에 새워져서, 병원을 드나드는 사람들의 눈길을 끌게 하고 있는 것일까. 병원에는 의사가 있고 환자가 있으며, 새 생명을 얻어 태어나는 놈들이 있고, 병마를 이기지 못해 죽어가는 사람들도 있다. 그리고 소생의 희망이 트여 살아나려고 발버둥치는 사람들도 있다.

의사가 생명에 대한 존엄성이 강하고, 환자 또한 꼭 살아야겠다는 의지가 강할 때 생명의 의욕은 정점에 이른다. 의사와 환자가 합일(合一)된 의욕으로, 꼭 살리고 꼭 살아야겠다는 줄탁 동기가 이루어질 때, 환자는 다시 살아나 재생의 영광을 얻는다.

줄탁 동기라는 이 비석이 각 가정이나 학교 교정에 세워져도 좋을 것이다. 가정에는 부모와 자식들이 있고, 잘 키우려고 하는 부모의 뜻과 이에 순응하여 바르게 자라려는 자식들의 뜻이 있다. 이들의 뜻이

하나로 결합될 때, 그 가정은 좋은 가정이 된다. 학교에도 스승과 제자가 있어 양자가 서로 뜻을 합쳐 공동의 노력을 기울일 때 교육의 금자탑은 높이 세워진다.

자식이 부모보다 잘 되고, 제자가 스승보다 더 잘 될 때, 청출어람(青出於藍)의 큰 본(本)을 세우게 된다. 청색에서 남색이 나올 수 없는 것은, 남색이 청색보다는 훨씬 더 짙기 때문이다. 옅은 색에서 짙은 색이 나올 수 없지만, 자식은 부모보다 더 짙은 색이 되어 나오고, 제자 또한 스승보다 훨씬 더 짙은 색이 되어 나온다.

부모가 모범을 세워 자식들을 잘 이끌고, 자식들 또한 부모의 뜻에 따라 잘 순응하며 살 때, 줄탁 동기의 본은 잘 서게 된다. 학교에서도 이와 마찬가지다. 스승은 잘 가르쳐 좋은 놈을 만들려고 하지만, 제자가 스승의 뜻에 순응하지 않으면, 줄탁 동기의 본은 무너져 학교 교육은 본궤(本軌)를 이탈한다. 이렇게 되면 사제지간은 더욱 어려운 사이가 되고, 학생들 사이에도 폭력이 난무(亂舞)하여 학교 교육은 더욱 어려워진다.

이 세상이 운영되는 데는 조화(調和)보다 더 중요한 것은 없다. 조화가 깨지면 모든 것은 분열과 불안정에 빠진다. 겨울 다음에 따뜻한 봄이 오고, 봄 다음에 여름이, 여름 다음에 가을이 온다. 서로가 맞물려 이어지는 조화 때문에 사철의 변화를 즐기며 산다. 연중 춥기만 해도 안 되고, 연중 서늘하기만 해도 서늘함이 좋은 줄을 모른다.

구름 낀 날씨가 오래 계속되면 마음이 어둡지만, 청명한 날씨가 돌아오면 사람들의 마음은 한결 맑고 청명해진다. 우리가 사는 생활도 꿈과 현실이 너무 동떨어져도 안 되고, 꿈과 현실이 서로 조화를 이루어 나타날 때, 이 세상은 참 살기 좋은 곳이 된다.

가정에서도 서로 개성이 다르지만 서로 사랑하고 존중하며 살면 좋은 조화를 이루어 살지만(和而不同), 겉으로는 잘 어울릴 것 같이 보여도, 서로 어울리지 못하고 불화하여 살면(同而不和) 그보다 더 힘든 생활은 없을 것이다.

줄탁 동기보다 더 신비스러운 조화는 없다. 어미와 병아리가 서로 다른 길을 택하면 상생(相生)의 축복은 없고, 그들은 서로 다른 길로 들어서 생명을 잃게 된다. 생명의 탄생보다 더 위대한 탄생은 없다. 어머니가 아이를 탄생시키기 위해서는 자기의 생명을 도(賭)하여야 한다. 한 생명을 각오해야 다른 생명이 탄생된다. 그래서 생명의 탄생에는 영광이 수반된다. 줄탁 동기의 신비로운 조화가 없이는 새로운 생명의 탄생은 결코 이루어지지 않는다.

인간의 탄생만이 위대한 것은 아니다. 모든 생명체의 탄생은 모두 다 위대하다. 지렁이는 지렁이와 짝하여 오고, 범은 범과 짝하여 이 세상에 온다. 꽃은 벌과 짝하여 열매를 맺고, 모든 생명체는 암수가 짝하여 생명체가 되어 나온다.

모든 생명체의 탄생은 고통의 소산이다. 고통없이 오는 탄생은 없다. 생명체의 탄생은 무한한 기쁨이지만 가장 큰 기쁨은 가장 큰 산고(産苦)를 통해서 온다. 모든 탄생은 쾌락의 소산이고, 최고의 쾌락을 통해 모든 생명은 배태(胚胎)된다. 모든 생명체의 생성과 소멸의 신묘함에 감탄과 경이의 극치를 느낀다.

29 오이밭에 발을 들여넣지 말아라

과전불납리(瓜田不納履)
이하부정관(李下不整冠)

과전(瓜田)이란 오이밭을 말하고, **불납리**(不納履)란 밟지 말라(들어가지 말라)는 뜻이다. **과전불납리**란 오이밭에 발을 들여놓아서는 안 되고, 오이밭에서 신을 고쳐 신어서도 안 된다는 뜻이다.

이하(李下)란 오얏나무 밑이란 뜻이고, **부정관**(不整冠)이란 관을 고쳐 쓰지 말라는 뜻이다. **이하부정관**이란 오얏나무 밑에서 손을 들어 관을 고쳐 쓰면, 그 열매를 따 먹는 것으로 의심을 받을 것이니 조심하라 하여 하는 말이다.

어느 날 자기 아내가 딴 남자와 우연히 만나 같이 걸어가는 것을 보게 되면, 우연히 만나 걷게 되었을 것이라는 생각을 하게되면 아무 일도 일어나지 않을 것이다. 그러나 오해를 하기 시작하면 옛날의 작은 일까지를 들추어 올려 이런 저런 나쁜 생각을 하게 된다. 그러면 그 가정에는 삽시에 평지 풍파가 일어 가정이 파괴되는 불행을 겪는다. 이해와 오해 사이는 백지 한 장 차이지만 그 결과는 크다.

인간 관계는 가까운 사람들 간의 관계다. 이 세상에서 가장 가까운 사이는 남편과 아내의 사이다(夫婦有別). 남편과 아내가 서로 믿지 못하고 의심하는 관계가 되면 가정은 불안하여 살기 힘든 곳이 된다.

형은 동생을 사랑하고 동생은 형을 공경해야 하며(兄友弟恭), 부모는 자식을 사랑하고 자식 또한 부모를 공경해야 한다.(父子有親) 이웃 또한 나와 가까운 사람들이어서 내가 몸이 불편하여 병원에라도 가게 되면 그들이 먼저 나를 도와 병원으로 옮겨준다. 내 집에 불이 나거나 큰 재해(災害)를 입으면 먼 친척보다는 이웃 사람이 먼저 나를 도와 구해준다.(遠親而不如近隣) 이처럼 가까운 사이에서는 오해나 의심이 생겨 사이가 벌어지는 일이 생겨서는 안 된다.

남녀 간에 의심이 일기 시작하면 의심의 불길은 요원(遼原)의 불길을 방불케 한다. 한 점 부끄럼 없이 살지 않으면 언제 어떤 일이 일어날지 모르는 불안한 관계가 된다. 큰 제방도 개미 구멍으로 무너진다 하였다. 믿음이 크면 목숨을 바쳐 서로 지켜주지만 그렇지 못하면 늘 다툼이 일어 살기 힘들어진다.

옛말에 내 것 잃고 죄짓는다는 말이 있다. 내 물건을 잃으면 으레 애매한 사람들까지 의심하게 된다. 아내를 의심하고, 자식들을 의심하고, 친구들을 의심하고, 이웃을 의심하는 등 의심의 불길은 잠을 못 이루고 이어진다.

도둑을 맞으면 어미 품도 들춰본다는 말이 있다. 물건을 잃으면 누구나 다 의심하게 되고, 심지어는 가장 가까운 어머니도 의심하게 된다는 뜻이다. 한 번 잘못했다가 들키면 그 사람은 늘 의심의 대상이 된다. 오이밭에 신발을 들여놓지도 말고, 오얏나무 밑에서 모자를 바로 고쳐 쓰지도 말아야 한다. 우연히 한 일이 다른 일과 때를 같이 하

여 일어나면, 두 사람 사이에는 무슨 큰일이라도 있는 듯한 의심을 받게 된다.(烏飛梨落)

사람들 간의 관계는 믿음이 있을 때의 관계다. 양자 간에 믿음이 깨지면 그간에 쌓은 좋은 관계도 다 무너진다.

옛 시조나 한 수 읊고 잠시 쉬어가자.

나무도 병이 드니 정자라도 쉴 이 없다
호화히 서신 제는 올이 갈이 다 쉬더니
잎 지고 가지 꺾인 후는 새도 아니 앉는다

나무에 병이 드니 정자에 와서 쉴 자도 없구나. 가지가 우거져 호화로이 서 있을 때는 오는 사람 가는 사람 다 와서 쉬어가더니, 잎지고 가지마저 꺾이니 새들도 와서 앉지를 않는구나.

내 믿음이 좋아 잘 지낼 때는 친구들도 와서 쉬어가더니만, 내 믿음이 꺾이고 나니 친구는커녕 아무도 오질 않는다. 또 세력이 있어 세도를 부릴 때는 아첨하여 좇더니만, 세력이 꺾여 힘 없이 되니 푸대접하는 염량 세태(炎涼世態)의 세속의 형편이 된다.

어떤 사나이가 도끼를 잃어버렸다고 한다. 이웃집 아들의 태도가 수상하게 여겨졌다. 밖에서 만나면 달아나려고 하는 등 점점 더 이상하게 여겨졌다. 그런데 어느 날 잃어버린 도끼가 발견되었다. 그 후로는 이웃집 아들을 만나도 별로 수상쩍은 데라곤 보이지 않았다. 이 고사를 의심 암귀(疑心暗鬼)라고 한다. 의심하기 시작하면 의심하지 않을 것까지 이상스럽게 여겨진다. 그래서 의심이 심하면 암귀를 낳는다는 말까지 나왔다. 의심하기 시작하면 암귀라는 귀신이 나타난다

하여 하는 말이다.

나를 비롯하여 거의 모든 사람이 이런 경험을 하며 살았다. 확실하지 않으면 의심해서는 안 된다. 그런데도 그런 일에 부딪히면 또 의심하여 그 사람을 괴롭힌다.

근거가 확실하게 밝혀지기 전에는 의심하지 말아야 한다. 남을 의심하면 남을 미워하게 되고, 미워하면 좋았던 사이도 나빠져서 종래에는 영원히 갈라선다.

의심은 천박한 혼(魂)과 한패라는 말이 있다. 의심을 즐기다가는 사람의 격이 떨어져 천박해진다. 거짓을 믿어서는 안 되고 확실치 않은 것을 의심하면 의심 죄에 걸린다, 차라리 아무 것도 모르는 자는 의심하지 않는다 하였다. 의심하다가 남을 미워하는 일이 없기를 바란다. 의심이 지나치면 무서운 집착이 생기고, 그 집착이 그 사람을 불면(不眠)의 사슬에 매이게 한다.

까마귀가 날자 배가 떨어진다는 말이 있다. 그 배가 땅에 떨어질 일이지, 하필이면 그 밑을 지나던 뱀의 머리에 떨어져 뱀이 수난을 당했다면, 그런 일치는 세상의 일치 중에서도 아주 드문 일치다. 무심코 한 일도 합치하여 일어나면 양자 간에 큰 일이 일어난다.

오이밭 옆에서는 신발 끈을 고쳐매지 말고, 오얏나무 밑에서는 갓 끈을 고쳐매지 말아야 한다. 세상 사는 일에 늘 조심하고 경계하며 살아야 나도 편하고 이웃도 편한 것을 어찌 모르는가.

30 무턱대고 남의 뜻을 좇지마라

부화 뇌동(附和雷同)

부화란 남의 의견에 까닭 없이 좇는 것을 말하고, **뇌동**이란 천둥 소리가 울려 퍼지듯이 아무 조건 없이 남의 의견을 좇아 행하는 것을 말한다. **부화 뇌동**이란 자기의 주의, 주장이 없이 무턱대고 남의 의견을 좇아 행하는 것을 말한다.

세상을 살기가 힘든 것은, 순간순간 결단을 내리고 그 결단을 잘 추진해 나가기가 어렵기 때문이다. 아무런 결단을 내리지 않고, 남의 뜻에 따라 산다면 우선은 편하여 좋을 것이다. 그렇게 되면 우유 부단(優柔不斷)하다 하여 다른 사람들로부터 사람 대접을 받지 못한다.

그러나 일상적인 일은 거의 정해진 것이 많아서, 정해진 대로 따라 행하며 살지만 그래도 그때그때 결단은 필요하다. 아침에 일어나서 그날 할 일을 생각하고, 운동도 하고, 아침 식사, 점심 식사, 저녁 식사 등 준비된 대로 먹고 살면 된다. 그 중간에 외출도 하고, 만날 사람도 만나고, 틈이 나면 TV 프로그램도 보고, 신문도 보고, 세상 돌아가는 것을 살피며 산다. 그런가 하면 식사를 준비하는 아내 역시 끼니마다 식단을 달리해서 내놔야 한다. 이런 일련의 모든 일들은 그 때마다 새로운 결단을 내려야 한다.

옷을 사든, 모자를 사든, 신발을 사든 내 결단으로 이루어지지 않는 것은 거의 없다. 아내를 고를 때 부모가 골라주는 대로 받아서 아내로 삼는 그런 사람은 지금은 거의 없다.

도적이 문을 따고 들어와 둘 중의 하나를 선택하라고 위협하면 내 의지와는 상관없이 그쪽이 하자는 대로 하기가 쉽다. 왜냐하면, 그때는 초미(焦眉)의 위급한 상황이어서 그렇게 해서 우선은 그 위기를 모면해야 하기 때문이다. 배가 폭풍우를 만나면 아무 항구나 선택해서 우선은 안전을 도모해야 한다.(Any port in storm.)

줄리어스 시저가 로마로 쳐들어갈 때 루비콘 강을 건너면서 "주사위는 이미 던져졌다."라고 말했다. 그는 이미 결단을 내리고, 폼페이우스와의 대결에서 그를 격파 시켰다. 결단을 내려야 할 때 결단을 내리지 못하면 개인이나 나라의 운명은 위태로워진다. 나라의 통치자가 건곤 일척(乾坤一擲)의 대 순간에 우유 부단하다간 나라까지 내놓는 큰 불행을 겪는다. 생명을 돌보지 않고 끝장을 내는 사생 결단(死生決斷)의 대결전(決戰)의 순간은 한 개인에게도 수없이 다가온다.

옛말에 사소 취대(捨小取大)라는 말이 있다. 작은 것을 버려야 큰 것을 얻을 수 있다는 말이다. 작은 것에 너무 연연(戀戀)하다가 큰 것을 놓치는 경우는 수없이 많다. 아내를 고를 때 다른 것은 다 좋지만 얼굴이 예쁘지 않다는 이유로 거절하는 수가 많다. 미모까지 겸비해 있으면 금상 첨화(錦上添花)이겠지만, 세상일은 꼭 그렇게 다 갖춰져 있는 것은 아니다. 예쁜 여인이 인생의 행복까지 보장해 준다고 믿으면 그렇게 해도 된다. 작은 것을 버릴 줄 알 때 큰 것을 놓치지 않는 기쁨과 행복을 누린다. 양귀비 같은 천하 일색(天下一色)은 얼마간은 만리 장성을 쌓기에 좋을지 모르지만, 그렇게 아름다운 것은 오래가지 못한다. 그래서 미인 박명(美人薄命)이라 하여 미인 경계령을 내린 것이다.

대선(大選)이나 총선(總選)에 나갈 사람은 선택에 신중해야 한다. 잘하면 명예도 얻고 좋지만, 잘못하면 하루아침에 거지가 된다.

가장 훌륭한 사람은 가장 선택을 잘하는 사람이다. 버릴 것은 과감하게 버리고, 취할 것은 서슴없이 취해야 한다. 일단 취했으면 그 일에 자기의 명운(命運)을 걸어야 한다. 선택하는 일보다 더 어려운 일은 없다. 왜냐하면, 많은 것 중에서 많은 조건을 고려하여 하나를 선택하는 일이기 때문이다.

순간순간은 선택의 순간이요, 하루 또한 수없이 많은 선택의 연속이다. 남이 하자는 대로 하면 선택할 고민은 없어 좋지만, 무턱대고 남의 생각을 좇아 행하다간 내 인생은 없고, 남의 인생을 사는 것이 된다.

우리 앞에는 행복과 불행의 두 가지가 가로막고 있다. 그 둘 중의 하나를 선택해야 한다. 불행한 사람의 특징은 그것이 불행한 일인 줄 알면서도 그쪽으로 끌려가는 일이다. 다른 사람이 하는 일을 까닭 없이 좇는 사람보다 더 어리석은 사람은 없다. 부화 뇌동 하지 말고 마음의 중심을 확실하게 세워, 결단을 내려야 할 때 결단을 내리면, 세상일은 자기가 원하는 대로 잘 행하여 질 것이다.

세상을 살되 바르게 사는 법을 배워 바르게 살아야 한다. 그 일이 쉬운 것 같아도 결코 쉬운 일은 아니다. 악한 일은 나를 불행하게 하고, 세상 모든 사람을 힘들게 한다. 착한 일은 행하기는 어렵지만, 세상 모든 사람을 편하고 즐겁게 한다.

옛 친구를 선택할 때는 천천히 하고, 친구를 바꿀 때는 더욱 천천히 하라는 말이 있다.(Be slow in choosing a friend, but slower in changing him.)

너무 고르는 자가 가장 나쁜 것을 고른다는 말이 있다.(He who chooses the worst.) 무엇을 고를 때 신중할수록 꼭 좋은 것은 아니다. 생각할 때가 있고 결단을 내려야 할 때가 있다. 생각은 많이 했어도 결심이 서지 않으면 때를 미루어 다음에 해도 된다. 남이 골라주는 것에서 만족을 느낄 것이 아니요, 내가 쓸 것은 내가 골라서 쓰는 데서 큰 기쁨과 보람을 느낄 일이다.

나이 먹기가 싫다 하여 세월에 싸움을 걸어봤자 아무 소용이 없다. 천하 대군(天下大軍)이 중무장을 하고 덤벼도 세월은 이기지 못한다. 세월의 흐름은 어찌나 도도하던지 아무도 그 흐름을 막지 못한다. “당장 편한대로 은애(恩愛)하다간 근심과 해악을 남긴다.”(士小節) 아들놈을 가르치기가 힘들다 하여 그대로 놔두면 내 집을 망치고, 딸놈을 가르치기가 힘들다 하여 그대로 놔두면 남의 집을 망친다. 아무리 힘들어도 가르쳐서 내보내야 부모의 죄를 면한다. 까닭없이 남의 말을 좇지말고, 남의 말만 좇아 부화 뇌동하다간 자기의 생활을 잃는다.

제4부

이 세상은 아름답고 살기 좋은 곳

逐忙覺日短
(축망각일단)

바쁨을 좇다보면 하루가 짧게 느껴진다

이 세상은 아름답고 살기 좋은 곳

저녁에는 일찍 잠자리에 들고 아침에는 일찍 일어나야 한다. 그래서 조와 조기(早臥早起))라는 말이 나왔다. 아침에 일찍 일어나 창문을 열면 상쾌한 아침의 서기(瑞氣)가 쏟아져 들어온다. 사람이 건강을 얻어 살려면 아침의 이런 서기를 마셔야 한다. 이렇게 좋은 공기를 마셔야 건강에 좋고 하루의 일도 잘된다. 그래서 옛날 사람들은 아침에 일찍 일어나는 것만으로도 그날 일이 잘 되고 건강에 좋다며 그렇게 하며 살았다.

그래서 예부터 아침에 일찍 일어나지 않으면 그날 하루가 잘못되고, 이른 봄에 논밭을 갈아 씨를 뿌리지 않으면 가을에 거둘 소망이 없어진다고 했다. 하루의 계획은 이른 아침에 세우고, 일 년의 계획은 원단(元旦)에 세우라고 함도 그래서 하는 말이다. 해가 중천에 뜬 다음에는 다른 사람들이 이미 일터로 나간 뒤여서, 그날 일을 그르친다. 게으른 자에게는 건강의 은전도 없고 소망하는 바도 없어서 하는 일을 그르친다.

세월은 바닷속에 서 있는 나에게 차오르는 조수와도 같다. 어찌나 은밀하게 차오르는지 차오르는 것을 감지하지 못한다. 그러다가 내

다리와 가슴을 채우고 내 목을 채워 드디어는 머리까지를 채워 덮으면 그것으로 내 인생은 끝난다. 청춘은 간 줄 모르게 가고 백발은 온 줄 모르게 온다. 오가는 길목이라도 알면 긴 장대라도 하나 마련하였으련만 그러지 못하고 살았으니, 이 길이 곧 그런 길인 것을 어찌하겠는가.

가는 자 이 같은고 밤낮을 가리지 않고(逝者如斯 不辭晝夜)라고 술회한 것도 세월의 흐름을 탓하여 하는 말이다. 세월은 잠시 흐르다 마는 나그네가 아니요 영원히 흐르는 나그네다(光陰百代之過客) 이 영원한 세월 속에 사람이 살다가는 시간은 찰나에 지나지 않는 일순(一瞬)의 세월이다.

어느 큰스님은 “사는 것은 한 조각의 구름이 일어나는 것이요, 죽는 것은 한 조각의 구름이 사라지는 것이다.”라고 했다.(生也一片 浮雲起, 死也一片 浮雲滅) 그 큰스님은 이 세상에 와서 바르게 살고 한 점 부끄럼 없이 타의 귀감이 되어 산 분이다. 막상 세상을 떠나려 하니, 그간 산 세월이 허망하고 덧없이 느껴졌을 것이다. 이해 타산에 얼룩진 세속사(世俗事)에 휘말리지 않고 바르게 살기가 어렵고, 한 줌 미련 없이 세상일을 훌훌 털고 가기란 더더욱 어려운 일이다.

죽음 앞에 조금만 더 살다 가게 해달라고 추태 부리지 않고, 유유자적(悠悠自適) 당당하게 죽음을 맞이할 사람은 없다. 한 치의 수(壽)라도 늘리려고 버티다가 할 수 없을 때 체념하고 자기 자신을 내놓는다.

자연의 길을 따라 살다 감이 자연의 순리요 대도(大道)이니, 살만치 살았으면 소란 피우지 말고 미련 없이 가야 한다. 이렇게 말하는 나는 어떠한가? 가장 담대하고, 가장 잘 준비된 사람처럼 느껴질지 모르지만, 가장 추하게 죽음 앞에서 발버둥을 칠는지도 모른다.

이 세상에서 가장 무서운 것이 죽음이고 죽음의 고통은 단말마적(斷末魔的)이어서 이를 초연하게 받아들일 사람은 없다. 만약 그런 사람이 있다면 처절하리만큼 무서운 마음의 연단(鍊鍛)으로 자기와의 싸움에서 이긴 사람이다. 세속의 번뇌와 분진(粉塵)을 떨쳐버리고 한 점 부끄럼 없이 정토(淨土)의 경지에 이른 사람일 것이다.

× ×

탄생은 생명의 근원을 얻는 것이지만 죽음은 생명의 근원을 잃는 것이다. 생명이 그 근원을 잃으면 이 세상과의 인연도 끝난다. 그간 바르게 살다 가면 아름답게 살다 간 것이고, 한 줌의 재로 뿌려져도 그 간의 삶의 행적(行蹟)은 세인의 뇌리에 오래 남아 기억될 것이다.

세월이 흐르면 나이를 먹고 나이를 먹으면 사람을 약화시켜 시들게 한다. 그러다가 세월이 한 참 더 흐르면 세월은 사람을 낚아채서 어디론가 가버린다.

인생을 한 조각의 구름으로 비유하고, 또 풀잎에 맺히는 초로(草露)로도 비유되지만, 그래도 인생은 엄숙하고 아름답다. 가정을 이루고 이웃과 더불어 서로 사랑하며 산다. 차를 만들고, 비행기를 만들고, 집을 만들고, 냉장고와 에어컨을 만들어 보다 더 편리하게 살려고 한다. 병든 자들을 고쳐주고, 가난한 자들을 도우며 살고, 잘못을 뉘우치고, 회오의 눈물을 흘리고, 사랑과 은혜와 감사 속에서 산다. 참 세상은 아기자기하게 정붙이고 살만한 곳이다.

인생은 바르게 사는 자들이 행복을 누리는 곳이다. 힘센 자들이 힘자랑하는 곳이 아니고, 권력이 있는 자들이 권력을 휘두르는 곳이 아니다. 돈이 많다 하여 돈을 분별없이 쓰지 않고, 어려운 곳이나 꼭 써야 할 곳을 골라 돈을 쓴다. 많이 번 자는 많이 내어놓아 세상을 따뜻하게 하고, 남길 것이 없는 자는 없는 대로 홀가분하게 간다.

정치하는 분들은 위정(爲政)에 힘써 백성을 편하게 하고, 강단에서 강의하는 분들은 열심히 연구하고 가르쳐서 좋은 후대를 만든다. 공장에서 물건을 만드는 분들은 좋은 물건을 만들어 내고, 농사를 짓는 농부들은 좋은 곡식을 만들어 내놓는다. 건성건성 할 일 없이 노는 자들이 없고, 모두가 열심히 일하여 세상에 기여하면 세상은 아름답고 살기 좋은 곳이 된다.

탐심에서 해방될 때 자유를 얻고 무외자재경(無畏自在境)에 이른다. 이 세상에서 탐심보다 무서운 것이 없으니 탐심 없이 사는 것에서 기쁨과 행복을 느낄 일이다.

인생은 아무것도 아닌 것이 아니라, 살만한 가치가 있는 굉장한 것이다. 하루에 아침이 있고, 낮이 있고 일몰이 있듯이, 인생 또한 그렇게 와서 살다가 영화(榮華)의 끄나풀이 다하면 가야 한다. 한낮의 태양이 열기를 뿜어내듯 인생 또한 그런 열기를 뿜으며 살다가 석양이 되면 한 알의 수포처럼 사라진다. 그러나 그 수포는 아름답고 빛나는 수포가 된다.

인간 상호 간의 관계에서 보듯 인생은 우아하고 아름답다. 우리 주변에서 일어나는 일들에 눈을 돌리면 우리의 삶을 기름지고 아름답게 하는 것들이 많다.

주렁주렁 많이 가지고 사는 것에서 기쁨을 느낄 것이 아니요, 마음 바르게 살고 열심히 자기를 불태워 사는 데서 기쁨과 행복을 느껴야 한다. 내놓을 것 다 내놓고 꼭 필요한 만큼만 취하여 살면 마음이 편해 안심 입명(安心立命)을 얻을 것이다. 쓰고 남았다 하여 가져갈 수 있는 것도 아니다. 홀가분한 마음으로 가면 죽은 뒤의 자식들과의 소란도 면할 수 있을 것이다.

인생이란, 행복하게 사는 자에게는 무한히 살고 싶을 만큼 좋은 세상이고, 아무리 불행하게 산다 해도 빨리 끝내버리고 싶을 만큼 허망하지가 않다. 기쁨과 슬픔이 수없이 교차하고, 죽을 고비를 수없이 넘기며 살아도 좌절하지 않고 희망을 품고 사는 것이 인생이다. 겁에 질린 가축들처럼 힘 없이 쫓기다가도 돌아서서 힘차게 싸워 이기는 생의 결전장이 인생이다. 가는 세월을 원망하거나 미워하지 않고 세월을 아끼고 사랑하며 살면 언젠가는 인생을 사는 보람을 크게 느낄 것이다.

인생을 일장 춘몽이라 하지 말고 초로와 같다고도 하지 마라. 하루를 잘못 살면 하루를 잘못 허비한 것이 되는 것이니, 순간순간을 금옥(金玉)처럼 아끼며 살면 이승의 삶보다 더 아름다운 삶은 없을 것이다.

어려움 없이 살기를 바라지마라. 풍파 없는 바다는 지루하고 단조롭기 그지없다. 풍파는 끊임없이 전진하는 자의 벗이다. 인생은 행복한 자에게는 너무 짧고, 불행한 자에게는 너무 길다.(Life is too short for the happy and too long for the miserable.) 험한 산의 험령을 혼자 넘는다고 외롭다 하지마라. 손을 내밀면 손을 잡아주고, 눈을 돌리면 내 눈과 마주치는 눈들이 많다.

사는 법을 다 알고 사는 자는 없다. 평생을 살아도 다 알지 못하고 간다. 다시 돌아와 배울 수 없는 것은 돌아올 길이 없기 때문이다.

괴로워하는 법을 아는 자가 가장 잘 사는 자이고 괴로움을 벗하여 사는데에 기쁨과 행복이 있다. 불행하다고 생각하면 그 순간부터 불행한 자가 되고, 행복하다고 생각하면 그 순간부터 행복한 자가 된다. 어려움 없이 사는 자는 아무도 없다. 어려움을 피하는 자에게 어려움은 무리를 지어 몰려온다. 길이 무섭다고 생각할 때 범은 꼭 나타나는 법이다.

사는 것도 중요하지만 바르게 사는 것은 더 중요하다. 바르게 사는 자들만이 기쁨과 행복을 누리는 세상이 되어야 한다.

단애(斷崖) 위에 서있는 객(客)에게 절망만이 있는 것은 아니다. 절망은 쉬운 일도 어렵게 만들고 희망은 어려운 일도 쉽다고 가르친다.

이 세상은 아름답고 살기 좋은 곳이다. 희망을 가지고 살면 아무리 어려운 일도 잘 풀려 어렵지 않게 살 수 있을 것이다.

31 실컷 부려먹고 헌신짝처럼 버린다

토사 구팽(兎死狗烹)

토사란 토끼를 죽이는 것을 말하고, 구팽이란 개를 삶아 먹는 것을 말한다. 토사 구팽이란 사냥하러 가서 토끼를 잡으면, 사냥하던 개는 쓸모가 없는 개가 된다. 그래서 그 개를 잡아 삶아 먹는 것을 토사 구팽이라 한다. 일이 있을 때는 실컷 부려먹고, 일이 끝나면 돌보지도 않고 헌신짝처럼 버리는 비정한 세정(世情)을 비유해서 하는 말이다.

인간 관계는 사람과 사람 간의 관계다. 사람 때문에 가슴이 아프고, 사람 때문에 괴로워할 때가 많다. 사람 간의 관계가 잘 풀리면 세상은 참 살기 좋은 곳이 된다. 서로 믿음을 주고 살면 서로 더 깊게 의지하며 살 것이다. 그러나 인간 관계는 동물에서나 볼 수 있는 잔인성이 가끔 나타난다. 그래서 어떤 사람은 인간을 이 세상에서 가장 모진 질환(疾患) 중의 하나라고 했다.

사람을 일컬어 짐승만도 못한 놈이라고 사정 없이 폄하(貶下)하여 말하기도 한다. 거의 모든 사람에게는 잔인성이 숨겨져 있어서, 그 잔인성이 언제 어떤 형태로 튀쳐나와 동물성으로 변할지는 아무도 모른다. 그 잔학성이 표출되어 나타나는 날, 얼굴은 사람의 얼굴이되 마음은 짐승의 마음(人面獸心)인 진짜 인면 수심의 인간이 된다.

부모가 자식을 자식이 부모를, 아내가 남편을 남편이 아내를 힘들게 하고, 때로는 극악(極惡)하기 이를데 없는 끔찍한 일을 저질르기도 한다. 인간 세계에는 동물이 무색할 정도의 참혹한 일이 일어나 세상을 놀라게 한다.

인간을 일컬어 무한히 넓은 창해(滄海)의 일속(一粟)이라고도 한다. 그처럼 작은 인간에게서 때로는 세상을 뒤흔드는 무서운 일이 일어난다. 인간 존재의 미미함이 이런데도 때로는 지축을 흔드는 일이 일어나 세상을 놀라게 하기도 한다.

사람이 사람인 것은 사람답기 때문이다. 사람의 도리에 맞게 살아야 사람이라 할 수 있을 것이다. 인간 행위가 어찌나 무섭던지 잔혹함의 화로(火爐)라고 할 만큼 무서운 일이 계속해서 일어난다. 이웃간에, 친구간에, 가족간에, 있는 자가 없는 자에게, 강자가 약자에게, 권좌(權座)에 있는 자가 권좌에 없는 자에게 저지르는 횡포는 끝 간데가 없다.

선을 행하여 세상을 아름답게 하는 것이 아니요, 악을 행하여 사람들이 싫어하고 미워하는 일을 서슴없이 자행한다.

개 같은 동물도 주인에게 충직하여, 주인이 위급할 땐 생명을 바쳐 주인을 구하고, 소 같은 동물은 그 정직성이 어찌나 높던지, 아무런 보상도 받지 않고, 평생을 주인을 돕다가 그 고기를 바치고 간다. 소나 개가 하는 일이 믿음이 가는 것은 그들의 충직성과 정직성 때문이다.

자기가 살기 위해서는 다른 사람의 생명을 초개(草芥)처럼 짓밟아

버린다. 자기 배만을 채우기 위해 토끼를 잡은 개를 삶아 먹는 일을 서슴없이 자행한다.

정치판에도 이런 일은 비일비재(非一非再)하다. 한자리 해먹기 위해서 1등 공신(功臣)으로 공훈을 세웠지만, 언제 그랬느냐는 듯 내몰아 팽개친다. 부모가 자식을 위해 평생의 희생으로 돌봐주었지만, 종래에는 자식들로부터 외면을 당한다. 부모가 병들어 움직이지 못하면, 부모보다 더 보기 싫은 존재가 없는 듯 부모에 대한 학대가 이를 데 없다.

보험금이 욕심이 나면 아내의 생명도 담보로 삼는다. 천인 공노(天人共怒)할 일을 서슴없이 저지른다. 아내의 일편 단심(一片丹心)도 돈과 재물의 잔인한 희생이 된다. 토끼를 잡기 위해 땀을 쏟아 헌신했지만, 다른 새로운 것에 눈이 멀면 아내고 뭐고 아무 것도 눈에 보이지 않는다. 적은 잇속을 챙기려다 종래에는 영어(囹圄)에 갇히는 불행한 신세가 된다.

독재자가 그의 권세를 유지하기 위해, 얼마나 많은 그의 심복(心腹)들을 토사 구팽하는지 모른다. 그러고도 그의 권력이 유지되는 것을 보면, 천도(天道)는 아직 없고, 잔인한 인도(人道)만이 남아 있기 때문이다.

은혜는 꼭 갚아 보은해야 천은(天恩)이 내린다. 음식을 먹는 자는 그 그릇을 깨서는 안 되고, 나무 그늘에서 쉰 자는 그 가지를 부러뜨려서는 안 된다는 말이 있다. 은혜를 은혜로 갚지 못하면 배은 망덕(背恩忘德)의 배신자가 된다.

머리털을 베어 신발을 삼는다는 말이 있다. 은혜를 입으면 머리털처럼 귀한 것도 잘라 신발을 삼아 바친다는 뜻이다. 은혜를 은혜로 갚지 못하고 토사 구팽을 일삼으면 말년에 꼭 배은의 철퇴를 맞는다.

고사 하나 인용하고 천천히 가자.

중국 춘추 시대(春秋時代)에 진(晋)나라에 과(顆)라는 사람이 있었다. 그의 부친(魏武子)이 죽자 서모를 개가시켜 따라 죽지 못하게 했다. 그가 전쟁에 나가 싸울 때에 그 서모 아버지의 혼이 적군의 앞길에 풀을 잡아매어, 적을 넘어뜨려 붙잡히게 했다는 고사다. 이 고사의 이름을 결초 보은(結草報恩)이라고 한다. 풀을 매어 은혜를 갚는다는 뜻으로 우리를 경각케 하는 좋은 고사다.

참 어려운 글을 썼다. 글 같지 않은 글을 썼지만 그래도 마음은 참 편하다. 이 고사를 마음에 새기고 살면 크게 도움이 될 것이라 믿어 이 고사를 독자 여러분에게 내놓는다.

세상 사람들은 자기 혼자의 힘으로 살아간다고 생각한다. 하늘에서 내려주는 것이 없이 어찌 살며, 땅에서 내놓는 것이 없이 어찌 살겠는가. 눈, 비, 바람, 햇빛 없이 어찌 살며, 물, 채소, 과일, 공기, 곡식 등이 없이 어찌 살겠는가. 내가 입는 옷은 누가 만든 것이며, 내가 몰고 다니는 차는 누가 만든 것인가. 그래도 사람들은 혼자의 힘으로 사는 듯 우쭐대며 산다.

태초에 하늘이 있게 하여 우리를 덮어주고, 땅이 있게 하여 우리를 받쳐준다.(天覆地載) 부모의 은혜가 크고, 스승의 은혜 또한 크다. 살아 생전에 갚지 못하면 죽어서라도 갚으라 하지만, 부모 버리기를 헌 신짝처럼 한다.

남에게 베푼 은혜는 잊어도, 남이 나에게 베푼 은혜는 잊어서는 안 된다. 나에게 충성을 다한 사람을 잡아서 삶아 먹는 도리는 무슨 인간의 도리인가.

32 이를 갈며 속을 썩임

절치 부심(切齒腐心)

절치란 이(齒)를 가는 것을 말하고, 부심이란 속을 썩이는 것을 말한다. 절치 부심이란 몹시 화가 나서 이를 갈며 속을 썩이는 것을 말한다.

동물들이 싸우는 것을 보면 이를 드러내놓고 싸운다. 이를 드러낸 정도가 그 동물들이 화를 나타내는 정도다. 싸울 때는 이만 드러내는 것이 아니고 큰 소리로 으르렁거리며 싸운다. 동물들이 이렇게 하는 것은 자기를 방어코자 하는 방어 본능 때문이다. 악어나, 호랑이, 곰, 사자 같은 맹수의 이는 엄청난 힘을 가지고 있어서, 한 번 물어뜯어서 상대방의 생명을 빼앗기도 한다.

사람도 화가 나면 이를 드러내어 그의 노기(怒氣)를 나타낸다. 웃을 때도 이를 드러내놓고 웃는 것을 보면, 이(齒)는 인간의 호오(好惡)의 감정을 나타내는 창(窓)이다. 분통이 터지면 자기도 모르는 사이에 이를 갈아 그의 분노를 나타낸다. 이 일이 어찌나 본능적으로 이루어지던지 거의 막을 길이 없다. 화가 한 번 치솟기 시작하면 화는 계속 치솟아 하늘에 이른다. 그 어떤 것이 가로막아도 아무 소용이 없다.

분노는 인간의 일시적 광기(狂氣)다. 광기는 빨리 제압할수록 좋다. 광기가 오래 계속되면 다른 큰 광기를 불러일으킨다. 이 세상에 화보다 더 무서운 것은 없다. 불도 내고, 사람도 죽이고, 온갖 극악 무도(極惡無道)한 짓을 다 한다.

이 세상에서 가장 추악한 얼굴은 분노가 극에 이르렀을 때다. 분노가 극에 오르면 얼굴은 이즈러져서 가장 보기 흉한 얼굴이 된다. 부끄러운 줄도 모르고 화내기를 계속하는 것은 자기의 그런 얼굴을 볼 수가 없기 때문이다. 다른 사람들이 화를 내는 것을 보면, 그들의 그런 얼굴에서 자기의 흉한 얼굴을 볼 수 있을 것이다.

화를 이기지 못하면, 자기의 모든 생각이나 감정이 그 화에 눌린다. 화난 상태가 오래 계속되면 큰 일을 저지르고, 화를 자주 내면 송곳니도 닳아 방석니가 된다는 말까지 나왔다.

나도 가끔 화낼 때가 있다. 내 나이 벌써 인생 모년(暮年)에 이르렀지만, 지금도 화를 이기지 못하고 화를 낼 때가 더러 있다. 화가 극도에 이르면 인사 불성(人事不省)이 된다. 화는 죽는 날까지 씨름하며 살아야 할 숙명적인 인간 감정의 하나다.

그러나 요즘에는 나이 탓인지 나도 조금은 좋아졌다. 좋아진 것이 아니라 화를 낼 힘이 없다. 세월이 그 힘을 다 빼앗아 가버렸다. 화낼 때보다 더 기력이 소모될 때는 없다. 화를 내고 나면 힘이 빠져 아무 일도 하지 못한다. 천지 개벽(天地開闢)이 일어나면 몰라도 이제는 관여할 힘이 없다. 화는 나를 파괴하고 다른 사람들과의 관계를 파괴한다. 나도 이제야 사람이 되어가는 것 같아 힘은 없어도 불만은 없다.

느린 소도 화를 낸다는 말이 있다. 아무리 성미가 느린 사람도 화낼 때가 있다. 성질이 온화하고 점잖은 사람이 화를 내면 더 무섭다. 천하 만민 중에 화내지 않는 사람은 아무도 없다.

화는 어리석음으로 시작하여 후회로 끝난다.(Anger begins with folly and ends with repentance.) 화내고 후회하지 않는 사람은 거의 없다. 이 세상에 화낼 줄 모르는 사람은 없다. 그러나 화를 내지 않고 화를 이기며 사는 사람이 있다면, 그런 사람은 정말 잘 단련된 사람이다.

강철이 달면 더 뜨겁다는 말이 있다. 강철은 달기도 어렵지만 한 번 달으면 뜨겁기가 오래 계속된다. 화는 삽시에 일어나 주변을 혼란시키고, 주변을 무질서의 수렁으로 몰아 넣는다. 화가 나면 물불을 가리지 않고, 무서운 일을 저지른다. 그러고 나서 슬피 울지만, 후회는 이미 늦은 것을 느낀다.

화가 나면 얼굴은 노기에 차고, 눈은 충혈되어 어둡고, 손발은 힘이 넘쳐 치솟고, 마음은 화의 불길에 타고, 이를 갈며 광란(狂亂)에 빠진다. 부지깽이가 있으면 부지깽이를 들고, 다른 흉기가 있으면 흉기를 들어 화풀이를 한다. 부모도 눈에 보이지 않고, 자식도, 친구도, 형제도 눈에 보이지 않는다.

성경에 일렀으되, "노할지라도 죄짓지 말라. 노하여 헤어질 때까지 이르지 말라." 하였다. 근심이 쌓이면 화가 되고, 화가 쌓이면 화의 사슬에 매인다. 화 때문에 헤어져서도 안 되고, 화 때문에 죄를 지어서도 안 된다.

잠시의 분을 참으면 백일의 근심을 면한다(忍一時之忿 免百日之憂) 하였다.(修身之美 – 명심보감) 근심이 있으면 일거(一擧)에 풀어라. 하늘을 향해 일갈 대성(一喝大聲)을 질러보라. 그러면 속이 좀 후련해질 것이다.

"모든 나의 괴로움 사이, 죽음과 나 사이
내 절망과 살아가는 이유 사이에는
부정(不正)과 용서할 수 없는 이유의 불행이 있고
내 분노가 있다" (P.엘뤼아르/사랑의 힘에 대하여)

나와 세상 사이, 나와 사람들 사이, 그리고 내가 하는 일 사이에 분노가 있다. 그러나 사랑과 인내로 이기며 살아야 한다.

자기 자신의 노기를 이기는 자는 자기 자신의 강한 적을 이기는 자다.(He overcomes a stout enemy who overcomes his own anger.) 자기가 싸워 이겨야 할 적은 자기 속에서 타고 있는 분노의 불길이다. 그 불길을 끄지 못하면 그 불길은 나를 태우고 이웃을 태운다.

징분 질욕(懲忿窒慾)이라 하지 않았는가. 화를 꾸짖고 욕심을 억제하며 살라 하였다. 나를 포함하여 우리 모두 그렇게 하기를 기원한다.

화를 참는 것을 보면 그 사람을 알 수 있고, 나무가 곧은가를 알려고 하면 서리가 혹심할 때를 보면 안다 하였다.(嚴霜識木貞) 잘 갖추어져 있는 사람은 처지가 궁색해도 의로움을 잃지 않고(窮不失義), 거침없이 나아갈 때도 제 길에서 벗어나지 않는다 하였다.(達不離道) 화를 잘못 냈다간 두고두고 후회할 것인 즉 엄정한 분별력을 가지고 화를 내든 어쩌든 하라.

33 하던 일에서 잠시의 여유를 찾음
유유자적(悠悠自適)

유유자적이란 세상의 것에서 벗어나, 아무것에도 매이지 않고, 하고 싶은 대로 행하며 사는 것을 말한다.

이 글귀는 평소 좋아하여 잘 쓰는 글귀지만, 막상 글로 쓰려 하니 생각이 아득하여 쓸 것 같지가 않다. 쓰는 데까지 쓰기로 하고 붓을 들었지만, 붓이 무거워 잘 나가지 않는다. 유유자적의 본의(本意)에서 멀어질까 두렵지만, 그간의 생각들을 모아 쓰려고 한다. 독자 여러분의 해량(海諒)을 빈다.

지금껏 해오던 일을 잠시 뒤로하면 온갖 세상의 매임에서 풀린다. 세상 속에 살면서 세상의 인연을 다 끊고 살 수는 없다. 세속의 인연을 끊고, 하는 일 없이 세월만 보내며 살면 유유도일(悠悠度日)이지 유유자적은 아니다.

세상과의 인연을 끊고 입산 수도(入山修道)에 전념하는 선인(仙人)들도 있지만, 그들은 세상사는 법을 닦아 세상에 내놓는 현인(賢人)들이다.

김 삿갓 같은 낭인(浪人)은 세상 일과는 완전히 등을 지고 평생을 방랑하며 살았다. 흰 구름 뜬 고개를 수없이 넘고, 한 잔 술에 시 한 수를 읊고, 잠이 오면 강마루에서 잠을 청하며 잤으니, 낭만이 넘쳐흐르는 듯하다.

이런 달콤한 맛도 있었겠지만, 밥줄이 여의치 않았으니 굶기를 다반사(茶飯事)로 하고, 잠자리가 여의치 않았으니 드러눕는 곳이 곧 그의 잠자리였다. 겨울의 한기(寒氣)가 뼛속까지 스며들고, 여름의 염기(炎氣)가 죽을만치 싫었지만, 이미 길들여진 방랑벽(放浪癖)을 깨지 못하여 이런 고행의 길을 참으며 살았다.

모습은 거지처럼 남루(襤褸)해도 그의 머리에는 시(詩)가 있고 풍류(風流)가 있었다. 그가 읊은 시는 천추(千秋)에 빛나고, 세상의 지혜있다는 사람들의 코를 납작하게 했다. 이런 일들은 범인의 경지를 초월한 것이어서, 이런 일을 유유자적의 멋으로 봐야 할지는 나도 모른다. 오직 그만이 알 수 있는 일이다.

질풍 노도(疾風怒濤)가 오래 계속되면 살기 어렵고, 창수(漲水)가 끝없이 내려 산야(山野)를 뒤덮으면 살기 힘들다. 그러나 그 순간이 지나면 세상은 다시 살아나 조용하고 평화로워진다.

여름의 염제(炎帝)가 오래 기승(氣勝)을 부리면 여름이 싫고, 겨울의 한기가 오래 계속되면 겨울이 싫다. 그러나 여름 뒤엔 납량(納涼)의 계절이 오고, 겨울 뒤엔 춘기(春氣)가 화향(花香)을 몰고와 겨울을 몰아낸다.

무엇이든 너무 길면 싫고 휴식도 너무 길면 고통이다. 일한 뒤엔 휴식이 있고 휴식에서 활력과 여유를 얻는다. 세상의 기쁨 중에 휴식보다 더 좋은 기쁨은 없다. 일한 자만이 휴식의 기쁨을 알고, 게으른 자는 그런 기쁨을 모른다. 열심히 일하고 고이 잠든 자의 모습에서 유유자적의 멋과 기쁨을 느낀다.

"내가 80세의 오늘까지 원기 왕성하게 연구를 계속할 수 있는 것은 다른 것이 아니다. 나는 다만 쓸데 없이 몸을 피곤하게 안 했을 뿐이다. 앉을 수 있는 곳에서는 앉고, 누울 수 있는 곳에서는 누워 쉬었다. 쓸데 없이 몸을 일으키고 서 있지를 않았다."(T. A. 에디슨)

농부가 땀 흘려 일하고 잠시의 낮잠으로 피로를 풀고, 나그네가 가던 길을 멈추고 정자 밑 그늘에서 노독(路毒)을 푼다. 세상에 공부가 좋아서 하는 사람은 없지만, 잠시의 휴식에서 다시 힘을 얻는다. 도시 안의 빠른 호흡을 벗어나면 푸른 하늘과 숲과 물이 흐르고 새들의 노래가 있다.

인간이 자연에 대들지만, 자연을 지배할 힘은 없다. 인간이 편리하게 도로를 내고, 물길을 막아 쓰지만, 자연을 억제할 힘은 없다. 대자연의 품에 안기면 대자연은 무한한 힘으로 우리를 맞는다. 나라(國家)는 부서져도 산야는 그대로 남아 우리와 공존한다.

자연이 가르치는 길을 따라 살면 우리도 자연처럼 너그러이 된다. 자연은 영원하고 그 힘으로 우리를 단련시킨다. 자연의 힘을 거역하며 살다간 생명을 잃는다. 자연은 자기를 사랑하는 자를 사랑하고 자기를 사랑하는 자를 기만하지 않는다. 우리가 자연의 다정한 벗이 될 때, 자연 또한 우리의 영원한 벗이 된다.

자연 속에는 하늘의 순리가 있고, 시가 있고, 영원한 밀어가 있다. 자연 속에는 억지 부림이 없고, 욕심 부림도 없다. 자연에 들어가 사복(私腹)을 취하려 하면 호되게 두들겨 맞을 것이다. 마음을 비우고 바르게 사는 법을 배우면, 자연은 편히 쉬었다 가라 할 것이다.

자연 속에서 유유자적하는 법을 배우라. 새소리, 바람소리, 물소리, 벌레소리, 그리고 사철의 변화가 오고 가는 것을 들어라. 구름이 유유하고, 새가 날고, 낙엽이 지고, 꽃이 피고, 호접(胡蝶)이 춤추는 것에서 절로 살고, 절로 늙는 것을 배우라.

주마 안탈(走馬安脫)이라는 말이 있다. 말이 안장이 벗겨질 정도로 빨리 빠져나가는 것을 말한다. 달리는 말에 채찍을 가하면 말은 달리는 길에서 이탈하여 도망치고 말 것이다. 남을 제치기에만 급급한 사회가 우리의 경쟁 사회다. 이런 곳에서 오래 남아 있다간 몸도 마음도 결딴나고 만다.

일하기가 힘들면 잠시 일손을 놓고, 공부하기가 힘들면 잠시 음악의 선율에 지친 영혼을 쉬게 하라. 힘들고 어려울 때 잠시 쉬었다 하면, 그것이 곧 힘을 얻어 사는 유유자적의 지혜가 될 것이다.

34 존경을 받고 싶으면 먼저 겸손하라

욕존 선겸(欲尊先謙)

욕존이란 존경을 받고자 하는 것을 말하고, **선겸**이란 먼저 겸손하라는 뜻이다. **욕존 선겸**이란 존경을 받고자 하면 먼저 겸손하라는 뜻이다.

사람들 중에 타인으로부터 존경을 받고 싶지 않은 사람은 없다. 그러나 존경받기가 그렇게 쉬운 일은 아니다. 내가 존경받고자 한다 해서 아무나 나를 존경해주지는 않는다. 존경을 받을만하지 않으면 존경을 해주지 않기 때문이다.

나이를 많이 먹었으되 나잇값을 못하면 존경을 받지 못하고, 스승이 많은 제자를 두었으되 스승으로서의 학덕과 인품을 갖추지 못하면 존경을 받지 못한다. 나도 많은 제자를 두었지만 존경받지 못하는 것은 전적으로 그런 이유 때문이다. 지금쯤은 내 이름조차도 그들의 뇌리에서 다 사라져버렸을 것이다.

손꼽아 세어보니 교육 현장을 떠난 지도 어언 15여년에 이른다. 내 열심히 하지 못한 탓인지 박학 다식(博學多識)에는 거리가 멀고, 뜻마저 경박하여 영감을 주는 강의는 하지 못했다. 경천 동지(驚天動地)할 이론으로 세상을 놀라게 하면, 만인의 스승으로 존경을 받을 것이지만, 그렇게 하기가 어찌 쉬운가.

학문의 깊이가 깊을수록 강의는 부실하다는 말이 있다. 참 억울하게도 그럴 수도 있을 것이다. 그러나 근본(根本)이 깊으면 다른 데에 흠이 있어도 크게 모자라다 하지 않는다.

맹자 삼락(孟子三樂)이라는 것이 있다. 첫째 부모님께서 살아계시니 기쁘고(父母具存 兄弟無故 一樂也), 둘째 내 마음에 부끄럼 없이 사니 기쁘고(仰不愧於天 俯不怍於人 二樂也), 셋째 천하의 영재(英才)들을 불러 모아 가르치니 기쁘다 라고 했다.(得天下英才而教育之 三樂也)

세상에 살되 깨끗하게 사니 부끄럼이 없고, 부모를 극진히 모시니 효의 귀감(龜鑑)이 되고, 제자들을 불러 모아 가르쳤으니, 만인의 존경을 받기에 마땅한 분이시다.

부모가 자식들로부터 존경을 받는다면 그보다 더 잘한 일은 없을 것이다. 높은 자리에서 만인의 존경을 받으며 살지라도, 자식들에게 우스갯거리가 되어 살면, 가장 잘해야 할 일을 가장 잘못하고 사는 것이 된다.

옛말에 불치 하문(不恥下問)이라는 말이 있다. 자기보다 못한 사람에게 물어보는 것을 부끄러워하지 않는다는 뜻이다. 이런 사람이 있다면 그 사람은 정말 존경받을만한 사람이다. 겸손이 극치(極致)에 이르지 않고서야 결코 그럴 수가 없을 것이다. 사람이 무엇을 모르면 누구에게 물어보든 상관이 없는 일이지만, 그래도 사람에게는 체면과 자존심이라는 것이 있다. 나에게도 그 알량한 자존심 같은 것이 있어서 어지간해서는 아랫사람에게 물어보는 일이 없다. 그런 체면이나 자존심 때문에 인간 관계는 더욱 복잡하고 미묘하게 얽힌다.

사람은 누구로부터 인정받기를 원한다. 만약 인정받지 못하면 자괴감(自愧感)이 크고, 외로움 또한 커서 밤에 잠을 이루지 못한다.

내 다른 사람이 나를 알아주지 않는다 해도 화를 내지 않는다(人不知而不慍)는 말이 있다. 옛날 선인(仙人)들은 그것을 군자의 본(本)으로 삼아 살기를 즐겼다. 겸손한 사람이 아니고서는 결코 그렇게 할 수가 없을 것이다.

겸손은 사람을 아름답게 장식한다. 평범한 외모를 아름답게 만들고, 위엄이 있고 진실하게 보이게 한다. 아무리 좋은 것으로 갖추어져 있다 해도 교만으로 차 있으면 존경과 신뢰를 얻지 못한다. 겸손이 진실한 힘에 바탕을 두고 나타날 때 만인의 사랑과 존경을 받는다. 겸손이 위선(僞善)으로 변장될 때 추하고 저속(低俗)하게 보인다. 지나친 겸손은 자기를 비하(卑下)시키고 상대방의 마음에 불신과 불안을 일으킨다.

겸손은 마음속 깊은 곳에서 자기의 부족함을 느끼고 세상을 진지하게 알고자 하는 데서 시작된다. 겸손은 나 자신의 지(智)를 깊게 하고 인간 관계를 진실한 관계로 이끌어 간다.

학식이 많은 사람이 그 지식을 숨기면 높은 학덕(學德)이 되지만, 드러내 자랑하기를 힘쓰면 현학(衒學)으로 비쳐져서 비웃음을 산다. 병에 물이 가득 차 있으면 아무리 흔들어도 소리가 나지 않는다. 빈 수레가 요란하고 빈 사람 또한 요란하다. 진실한 광채는 빛나지 않고(眞光不輝) 옥이 흙에 묻히면 흙처럼 보여도 언젠가는 찬란한 빛으로 나온다. 진실한 것은 자랑하지 않아도 되고, 잠시 감추어 있어도 언젠가는 드러나 세상을 빛낸다.

겸양이 지나치면 오만이 되고(Too much humility is pride.), 아무리 써도 닳지 않는 것을 얻으려 하면(用而不竭), 먼저 무릎을 꿇는 것을 배우라(We must first learn to kneel.) 하였다. 존경을 받고자 하면 먼저 겸손하게 되는 것을 배워야 한다.

성경에 일렀으되 "무릇 자기를 높이는 자는 낮아지고 자기를 낮추는 자는 높아지리라." 하였다. 재능이 있다고 뽐내는 것은 교만의 소치다. 재능이 있는 자는 열심히 하는 자를 결코 이기지 못한다. 내가 지금껏 알고 있는 사람들 중에 일을 잘한 사람들은 모두가 겸손히 행한 자들이다.

가진 것이 많다 하여 교만을 부리면, 얼마 못 가서 빈천(貧賤)으로 떨어진다. 권세가 높다 하여 세도를 부리면 언젠가는 추풍에 날려 떨어지는 낙엽이 된다.

잘난 체하고 까불지 마라. 영원히 하늘로 치솟아 비상(飛上)하는 것은 없다. 권세는 10년을 넘기지 못하고, 꽃은 열흘을 붉지 못한다. 존경을 받고 싶으면 먼저 겸손하라. 범사에 감사하고 기도하며 살라 하였다. 그렇게 살면 교만이 와서 감히 우리를 건드리지 못할 것이다.

머리에 든 것이 많을수록 겸손해야 한다. 아는 체 해야 남이 알아준다고 생각하면, 그들의 궁리가 더 복잡해진다. 그러나 똑똑한 티를 내려다가 정을 맞고, 정을 맞으면 부서진다.

가진 자들이 가졌다 하여 우쭐대고, 더 가지려다가 다 잃는다. 가진 것이 많을수록 세상에 내놓고 더 검소히 살아야 한다. 남의 존경을 받고자 하면, 먼저 겸손히 행하는 것을 생활의 본으로 삼아야 한다.

35 손에서 책을 놓지 말아라

수불 석권(手不釋卷)
상습 학문(常習學問)

수불 석권이란 손에서 책을 놓지 않고 글 읽기를 계속하는 것을 말한다.

어느 날의 일이다. 한 지인(知人)이 나에게 찾아와 이 글귀를 내보이며 무슨 뜻인지를 해석해달라고 했다. 참 좋은 글귀였다. 이 글귀를 어떻게 해서 얻게 되었느냐고 했더니, 어느 날 자기 집에 스님 같은 분이 찾아와 하는 말이, 이 글귀대로 살면 평생 좋을 것이라고 했다. 무슨 부적(符籍) 같은 효력이라도 있나 생각하고 벽에 붙여놓고 살았지만, 평생 책 읽으며 살라 하였으니 좋아할 사람은 없을 것이다.

평생 책을 읽으며 살라는 말이, 기실(其實)은 누구에게나 좋은 말이지만, 책 읽기를 싫어하는 세상에 그 글귀를 좋아할 사람은 아마 없을 것이다.

언젠가 어느 사람이 나에게 묻기를, 평생을 책을 손에서 놓지 않고 사시는데 그 일이 그렇게 재미가 있느냐고 물었다. 그래서 책 읽는 일을 재미가 있어서 하는 사람이 어디 있겠느냐고 했다. 나도 그렇지만 공부를 업(業)으로 삼는 학생들 중에 공부가 좋아서 하는 학생은 아마도 없을 것이다. 지겹기 그지없는 일이지만, 공부는 그들에겐 절체 절명(絶體絶命)의 생존 전략의 하나다. 이 일에 목숨을 걸지 않으면 미래의 명암(明暗)이 엇갈리기 때문이다. 그러나 미운 사람도 오래 같이 살다 보면 정이 들 듯, 공부 또한 오래 계속하다 보면 정이 들어 친근감을 느낀다. 나는 책으로 밥벌이하며 살다가 그 현장에서 물러나 지금은 한거 유락(閑居有樂)의 인생 모년(人生暮年)에 들어섰다. 억지로 살지 않고 유유자적(悠悠自適) 글이라도 쓰며 사니 내 삶의 주인공이 되어 사는 듯하다.

지금껏 책을 10여 권을 냈지만, 많이 낸 사람에 비하면 조족지혈(鳥足之血)에나 비유된다. 이 나이에 쉬지 않고 글을 쓴다는 것이 좀 기특하다는 생각도 든다. 같은 또래의 친구놈들은 몸이 옛날 같지 않고 눈마저 침침하여 읽기도 힘들다고들 한다. 나도 힘들지만, 글까지 쓰는 호운(好運)을 누리고 사니 다행 대복이 아닌가. 물론 젊었을 때처럼 팔팔한 기력(氣力)은 아니어서, 과욕을 부리며 살다간 큰 사단(事端)이 일어날 것이다. 빨리 하고자 하면 이르지 못한다(欲速不達)는 옛 글귀를 금과 옥조(金科玉條)로 여기며 살고 있다.

우선은 많이 읽고(多讀), 많이 생각하고(多尙量), 그러고 난 다음에 많은 글을 쓰라(多作) 하거니와, 아무리 많은 책을 읽었다 해도, 그것을 생각으로 잘 정리하지 않으면 쓰레기 더미나 다름이 없다. 그래서 글을 쓰는 사람이 많이 생각해야 하는 소이(所以)도 여기에 있다.

내가 아는 한 친구는 자기의 손가방 속에 읽고 있는 책을 넣고 다닌다. 나이가 있는지라 틈틈이 조금씩 읽는 것을 독서의 본(本)으로 삼고, 한 달에 한 권 정도의 책을 읽는다고 했다. 그렇게 되면 1년이면 12권의 책을 읽고, 10년이면 120권의 책을 읽는 것이 된다. 그냥 무위(無爲)하게 세월을 보내는 사람에 비하면 엄청난 소득이다. 평생을 그렇게 읽는다면 얼마나 많은 책을 읽을 것인지 짐작이 간다.

이 세상에 나와 있는 모든 책을 다 읽으려 하면 인생은 한없이 짧지만, 자기가 필요하다고 느끼는 책만을 골라서 읽는다고 해도 꽤 많은 책을 읽을 수 있을 것이다. 세상 살기가 바쁜지라 조용한 시간은 많지 않고, 많지 않은 시간에 많은 책을 읽으려 하면 책을 잘 골라서 읽는 것이 좋을 것이다.

옛말에 독서백편의자현(讀書百篇意自見)이라는 말이 있다. 책을 100번 읽으면 아무리 어려운 뜻도 저절로 살아난다는 뜻이다. 책이 어렵다 하여 그냥 넘겨서는 안 되고, 읽기를 계속하면 그 뜻이 저절로 살아날 것이다. 필요하면 사전까지 들추어가며 읽으면 점점 더 책 읽는 재미가 더하여 질 것이다.

사대부(士大夫)란 평소에 글을 많이 읽으며 사는 문벌이 높은 사람들을 말한다. 그런 사대부들이 말하기를, 3일 간만 책을 읽지 않아도 거울에 비친 자기 얼굴을 보기가 가증(可憎)스럽다고 했다.

중국의 한 문인인 임 어당(林語堂)이라는 사람이 쓴 '생활의 발견'이라는 책을 읽은 적이 있다. 그 책에서 "책을 너무 많이 읽으면 옳은 것은 옳고, 그른 것은 그르다는 것을 모르게 된다.… 나는 책을 읽되 그 책 속에서 인생을 읽는다."라고 했다. 책을 읽되 무턱대고 많이만 읽을 것이 아니요, 그 책 속에서 인생을 읽을 것이요, 인생의 길이 무엇인지를 헤아려 읽을 일이다.

"샛바람 선선할사 마음에 불어오니 등잔불 사귈만한 시절이 되었도다."(曹偉/八景詩) 날씨가 무더우면 책 읽기가 힘들지만 천고 마비(天高馬肥), 등하 가친(燈下可親)의 계절이 오면 책읽기가 더욱 좋을 것이다.

뭐니 뭐니 해도 독서는 마음의 양식이다. 인체의 발육에 물질적 영양이 필요하듯, 정신의 발육에는 독서보다 더 좋은 것이 없다. 독서가 공명(功名)을 위한 것이어서는 안 되고, 사람들을 깨우쳐 바르게 살게 하는 것이어야 한다. 독서를 통해 세상을 더 많이 알고, 세상 사는 맛을 새로이 느끼게 되면, 이보다 더 한 독서의 맛은 없을 것이다.

책을 읽되 남아(男兒)라면 모름지기 다섯 수레의 책을 읽으라(男兒須讀五車書) 하였고, 짐으로 실으면 소가 땀을 흘릴 정도의 무게와, 쌓으면 들보에 닿을 정도의 많은 책을 읽으라 하였다.(汗牛充棟) 세상이 혼돈하여 살기가 힘들지만, 그럴수록 많은 책을 읽으면 세상을 바르고 의롭게 사는 지혜를 얻을 수 있을 것이다.

운동은 하루를 짧게 하지만 인생을 길게 하고, 독서 또한 하루를 짧게 하지만 인생을 풍요롭게 한다. 건강은 빌려쓸 수가 없지만 생각은 빌려쓸 수가 있다. 건강해야 책도 읽고 수(壽)도 늘리며 살지만, 건강치 못하면 책을 읽을 마음마저 잃는다.

"생각을 조심하라. 말이 된다. 말을 조심하라. 행동이 된다. 행동을 조심하라. 습관이 된다. 습관을 조심하라. 성격이 된다. 성격을 조심하라. 운명이 된다. 우리는 생각한 대로 되는 것이다."(대처) 무엇보다 좋은 생각을 하기에 힘써야 한다.

눈으로 잘 보고(眼到), 입으로 잘 읽고(口到), 마음으로 잘 이해하면(心到), 이를 일러 독서 삼도(讀書三到)라 하거니와, 책을 읽되 그 의미를 잘 알고 읽어야 가장 잘 읽는 독서가 된다.

거문고와 책은 마음을 흡족하게 한다(琴書怡神) 하였으니, 책을 읽되 늘 읽을 일이요, 죽는 날까지 쉬지 않고 읽는 것이 가장 좋은 독서법이 될 것이다. 손에서 책을 놓지 말고 늘 학문을 익혀라.(手不釋卷常習學問)

36 물이 차니 배가 뜬다

수도 부선(水到浮船)

수도란 물이 찬다는 뜻이고, 부선이란 배가 뜬다는 뜻이다. 수도 부선이란 물이 차니 배가 뜬다는 뜻이다.

이 글귀는 이 명박 대통령께서 임기 5년을 다 마치고 어느 방명록에 쓴 글귀다. 많은 글귀 중에서 유별나게 이 글귀를 선택한 감회가 남달랐으리라 믿는다. 이제 때가 되어 물러나지만, 그간 몸 바쳐 일했던 나라의 앞날이 융창하기를 기원하며 쓴 글귀다. 물이 바다에 찼으니 배가 뜰 때가 되었다. 이제 배가 만경 창파(萬頃蒼波)와 노도(怒濤)를 헤치며 순항할 것을 간절히 기원하며 쓴 글귀다.

그분이 이 글을 쓰신다면 나보다는 훨씬 더 간절한 감회로 쓰실 것이다. 글귀가 매우 좋아 막상 붓을 들기는 했지만, 천학 비재(淺學非才)함을 느낀다. 그분의 깊은 뜻에 적중하기는 어렵고 근접하는 것만으로도 만족해야 할 것 같다.

나도 많은 자리에 오르내렸지만, 오를 때는 무겁고 내려올 때는 무거운 짐을 내려놓는 듯 했다. 크든 작든 간에 자리를 마치고 내려오면 아쉬움은 꼭 남는다. 잘했던 일은 하나도 생각나지 않고, 잘못된 일만 떠올라 좀 더 잘했더라면 하는 아쉬움을 느낀다.

옛날 영의정(領議政)이라는 자리는 임금님 다음 가는 자리다. 위로는 임금님 한 분뿐이니 일인지상(一人之上)이라 하고, 아래로는 만백성이 있으니 만인지상(萬人之上)이라 한다. 그러나 임금님이나 대통령의 자리는 위에는 아무도 없으니, 진짜 만인지상의 자리가 된다.

한 사람이 높은 자리에 뽑히면 아홉 사람이 등을 돌린다는 말이 있다. 등 돌린 사람들로부터 들려오는 고언(苦言)은 아무리 잘 단련된 사람도 감당하기가 어렵다. 시작하는 날로부터 끝나는 날까지 계속 들어야 하니, 잘못하다가는 골병드는 자리다. 겉으로는 화려하고 멀쩡하게 보여도 속은 곯아 문드러지는 자리다.

이 세상에 만능적인 통치자는 없어서, 아무 흠 없이 잘하고 내려오는 사람은 없다. 공(功)과 허물(過))은 꼭 있는 것이고, 빛과 그늘은 꼭 있는 법이다. 한 가정의 일이 쉽지 않고, 한 조직의 운영이 쉽지 않는데, 하물며 한 나라를 다스리는 일이야 더 말할 나위가 없다. 칭찬에는 그지없이 인색하고, 허물이 나타나면 가차 없이 달려들어 그냥 놔두지 않는다.

"4년 동안의 나의 대통령 임기는 나의 평생에 가장 비참한 시절이었다"고 술회한 대통령도 있다. 늘 장미의 화로(花路)만을 생각했다간, 임기를 못 채우고 내려오는 치욕과 불명예를 얻는다. 늘 긴장하고, 새로운 결단을 내려야 하고, 때로는 고뇌의 밤을 수없이 지새워야 한다. 빛 좋은 개살구처럼 겉은 화려해도 고급 노예생활이다. 청와대는 이 세상에서 가장 고독한 곳이고, 잠시도 긴장의 끈을 놓을 수 없는 가장 아름다운 지옥이다. 확고 부동한 태도와 헌신이 요구되는 곳이고, 우유부단(優柔不斷)한 태도를 취하다간 데모크레스(Democles' Sword)의 칼날에 목이 달아나는 곳이다.

통치자는 늘 귀를 열어 듣되 최고의 충고를 듣고, 최고의 판단을 내려야 한다. 옳다고 판단되면 만난(萬難)을 무릅쓰는 용기를 가져야 하고, 그 다음에 일어나는 일은 신의 섭리에 맡겨야 한다. 모사(謀事)는 재인(在人)이고, 성사(成事)는 재천(在天)이라 하였다.

정치는 국민의 행복지수를 높이는 일이다. 백성은 창고가 차야 예의를 알고, 의식이 족해야 영욕(榮辱)을 안다 하였다. 백성의 배에서 쪼르륵 소리가 나면, 다른 것을 제아무리 잘했어도 잘했다 하지 않는다. 백성이 배불리 먹고 편안하지 않으면 행복하다 하지 않는다. 정치의 본령(本領)은 백성의 행복이다.

9년 홍수 때 우(禹)임금이 치수(治水)하느라 천하를 돌아다녔다. 자기 집 앞을 세 번이나 지나면서도 들어가지 않았다 한다.(司馬遷史記) 물이 잘 흐르면 물고기는 숨이 가쁘게 뛰어오르지만, 정치가 잘못되면 백성의 마음은 들떠 돌아선다.

정치는 희생이요 헌신이다. 멸사 봉공(滅私奉公)의 자세가 곧 정치하는 사람들의 자세다. 대통령이란 자리는 매우 어렵고 힘든 자리지만, 이를 즐거운 마음으로 행하면 나랏일은 잘 되고 백성도 편안해진다.

인기에 연연(戀戀)해서는 안 된다. 인기율은 그냥 머물러 있는 것이 아니고 위아래로 늘 오르내린다. 지지율의 오르내림에 일희 일비(一喜一悲)해서는 안 된다. 처음 들어올 때는 다 높지만 떠날 때는 다 떨어져서 나간다. 심한 욕을 얻어먹기도 하지만 그저 묵묵히 소임을 다해야 한다. 그 권좌는 자기가 선택한 것이니, 욕을 얻어먹는 것도 자업 자득(自業自得)의 일이라 생각해야 한다. 누구를 원망할 수도 없고, 그 권좌를 영화롭게 하고 떠나야 한다. 건강하게 들어왔다가 별 탈 없이 나가면 대복(大福)으로 여겨야 하고, 부끄럼 없이 행했으면 그것으로 만족해야 한다.

수도 부선이라 하였다. 물이 들면 배는 자연히 뜨게 된다. 물과 배는 실과 바늘의 관계처럼 불가분(不可分)의 관계다. 물이 있어 배가 뜨고, 배가 뜨면 물과 배는 서로가 하나가 된다. 물이 없어 배가 뜨지 못하면 실 없는 바늘과도 같아서 아무 쓸모 없는 것이 된다.

봄이 왔으되 꽃이 피지 못하면 봉접(蜂蝶)이 날지 못하고, 봉접이 날지 못하면, 가을에 거둘 소망이 없어진다. 세상의 꽃들은 봄이 오기를 기다렸다 다투어 핀다. 이른 봄에 서둘러 밭을 갈아 씨를 뿌리고, 씨를 뿌려야 가을에 거둘 소망이 이루어진다.(春若不耕 秋無所望)

나라의 운세에도 때가 있고, 때가 오면 온 백성이 힘을 모아 나서야 한다. 지금이 바로 물이 들어 배를 띄울 때다. 배를 띄워야 할 때 띄우지 못하면 만선 귀항(滿船歸港)의 꿈도 헛것이 된다.

자식이 잘되기를 바라면 그를 잘 길러 가르쳐야 하고, 잘 길러 가르치지 못하면 아무 쓸모 없는 사람이 된다. 잘 가르쳐 내보내면 세상을 움직이는 큰 동량(棟梁)이 된다.

물이 들게 하는 일이 어렵지만, 이제 물이 들어 바다에 넘치니, 배를 띄워 바다로 나아갈 때다. 온 백성이 힘을 모아 노를 저으면 추수기(秋收期)에 거둘 소망이 이루어진다. 나라가 국운 융성의 새 기운을 얻어 날로 발전해 나가기를 기원하면서 이만 줄인다.

37 평소 입조심하며 살아라
중인구연금(衆人口鍊金)

중인구란 여러 사람의 입을 말하고, 연금이란 쇠를 녹이는 것을 말한다. 여러 사람의 입은 쇠도 녹일 수 있을 만큼 무서운 것이니 평소 말과 행동을 조심하여 하라는 뜻이다.

내가 사는 아파트의 승강기 안에는 '서로 먼저 인사하기'라는 표어가 붙어 있다. 참 좋은 생각인 것 같아서 승강기 안에서 만나는 사람에게는 빼놓지 않고 인사를 한다. 어린 꼬마들에게도 인사를 하여 그들과의 친교를 유지한다. 처녀들이나 젊은 아낙네들에게도 인사를 하면 그들 역시 잘 받아준다. 우선 기분이 좋고 마음이 따뜻하여지는 것을 느낀다.

예로부터 인사는 찾아서 하라는 말이 있다. 남이 인사하는 것을 기다렸다 할 것이 아니요, 인사할 곳이 어디 없나 찾아서 하라는 뜻이다. 인사는 인간 관계의 시작이고, 인사를 통해 사람들 간에는 새로운 온기(溫氣)가 흐르기 시작한다. 그래서 인사는 부족한 것보다는 지나친 편이 더 낫다는 말까지 나왔다. 우리 서로 어울려 살면서 인사도 없이 살면, 인간 관계는 동토(凍土)처럼 차갑게 얼어 붙을 것이다.

인사가 좋은 것이기는 해도 잘못하면 오해가 생긴다. 인사를 하되 분별력을 가지고 하고, 허리를 굽히되 불순한 생각을 해서는 안 된다. 인사를 통해 무엇을 얻으려고 생각해서는 안 된다. 사람들 입에 잘못 오르면 망신당하기 쉽고, 세상에 널리 퍼지면 세상을 어지럽게 한다.

중국 진(晋)나라에 도 연명(陶淵明)이라는 시인이 있었다. 그가 현령(縣令)이 되어 새 임지로 부임한 지 80일이 되던 날이었다. 그의 상관격인 독우(督郵)가 그곳에 온다는 소문이 관내에 파다하게 퍼졌다. 그의 부하들이 그에게 말하기를, 현령께서도 중도에까지 나가서 그를 맞아들여야 하지 않겠느냐고 했다. 도연명이 탄식하여 이르기를 "내 쌀 다섯 말의 녹(錄)을 먹고 사는 처지에, 일개 독우에게 허리를 굽히란 말이냐" 하고 인(印)을 끌러 내던지고, 고향에 내려가 평생을 은거했다. 은거 중에 회포를 달래며 쓴 글이 저 유명한 도 연명의 귀거래사(歸去來辭)다.

도 연명은 머릿속에 든 것이 많아 콧대가 세고, 자고(自高)하기가 이를 데 없었던지라, 어지간한 사람에게 허리를 굽히는 일이 없었다. 요즘 사람들은 아첨이 늘어 절하기를 좋아하고, 절 잘해서 성공한 사람도 많이 있다. 절할 자리를 소중히 여겨, 절을 해서는 안 될 곳에는 허리를 굽혀서는 안 된다.

아주 오래전의 일이다. 어느 방송국에서 '가요산책'이라는 주제로 방송 프로를 맡아달라는 요청이 들어왔다. 내 앞사람이 나를 추천하는 바람에 하는 수 없이 그 프로를 맡아 하게 되었다. 가벼운 생활 주제와 가요를 섞어 진행하는 그런 프로였다. '가요산책'의 분위기를 내게 하는 참 좋은 프로였다.

어느 날은 인사에 관한 주제를 가지고 이야기를 하게 되었다. 이야기가 거의 끝날 무렵에, 진행자가 갑자기 나에게, 연하(年下)의 사람에게는 어떻게 인사를 해야 하느냐, 그들이 먼저 인사하기를 기다려야 하느냐고 하기에, 아무라도 먼저 본 사람이 인사하는 것이 인사의 본(本)이 아니겠느냐고 했다.

인사는 인간 관계의 시작이다. 사람들 간의 벽이 높으면 인간 관계는 소원해진다. 윗사람의 권위가 인사에 끼어들면 그 벽은 점점 더 높아져서 인사하기가 더 어려워 진다. 나는 먼저 본 자가 인사하는 것을 인사의 본으로 삼고 있다.

사람과 사람 간의 흐름이 곧 인사다. 인사를 통해 이쪽의 온기가 저쪽으로 흐르고, 저쪽의 온기 또한 이쪽으로 흐른다. 이 세상 모든 것은 쉬지 않고 흐른다. 돌도 흐르고, 쇠붙이도 흐른다. 조용한 가운데서도 흐름은 분주하게 계속된다. 인사는 사람 간에 활력과 기쁨을 주어 살맛이 나는 세상이 되게 한다. 이 세상에 인사처럼 좋은 것이 없다.

나쁜 소문은 빨리 퍼진다(Ill news runs apace.)는 말이 있다. 사람의 입에 잘못 오르면 수만 리는 단숨에 치닫는다. 일파(一派)가 만파(萬波)가 되어 삽시에 세상을 뜨겁게 달군다.

언젠가 손자와 같이 1년여 동안 내 집에서 산 적이 있다. 손자 놈은 아무리 뛰어도 지칠 줄 모르는 야생마와 같았다. 아래층에서 하룻밤에 세 차례나 전화가 걸려왔다. 정신 분열증에 걸릴 것 같다고 제발 살려달라고 했다. 궁여지책(窮餘之策)으로 집 안에 있는 모든 이불을 다 꺼내어 바닥에 깔았지만 아무 소용이 없었다. 며느리가 손자 놈을 방으로 끌고 들어가 회초리로 두들겨 패고 주먹으로 쥐어박았지만 그

때뿐이었다. 그 후 아래층과의 사이는 급전직하(急轉直下)로 냉각되었다. 인사를 해도 받아주지도 않았고, 말을 걸어도 아무 소용이 없었다. 참 괴롭고 힘든 시간이었다.

내 일찍이 이런 경험이 있는지라 층간 소음이 얼마나 무서운 것인가를 잘 알고 있다. 이웃 간에 폭력과 살인까지 벌어진다. 우리집의 청소기 사용은 이미 중지한 지 오래고, 빗자루로 소리 나지 않게 청소를 하는 처지가 되었다.

옛말에 임사 주상(臨事周詳)이라는 말이 있다. 무슨 일에 임하든 두루 잘 생각하여 하라는 뜻이다. 층간 소음 문제가 어려운 일이기는 해도, 서로 조금씩 양보하고 조심하며 살면 조금은 더 편안한 이웃이 될 것이다. 사소한 일이 잘못되어도 이웃 사람의 입에 오르내리면 세상의 무서운 회오리에 휘말린다.

애교 있는 행동은 타인의 눈을 즐겁게 하고, 진실 있는 행동은 타인의 마음을 지배한다는 말이 있다. 진실치 못한 행동은 나 자신을 비롯하여 다른 사람의 마음을 결코 지배하지 못한다. 남을 지배하려고 하면 먼저 나 자신을 지배해야 한다.(欲勝人者 先必自勝) 나 자신을 이기지 못하는 자는 나 자신의 노예가 된다. 나 자신의 노예인 자는 결코 남을 이길 수가 없다. 우리는 남을 이기기(勝人者) 전에 먼저 자기 자신을 이겨야(自勝者) 한다.

나 자신을 이기지 못하면 남의 입에 오르내리게 되고, 남의 입에 오르내리면 그 일은 세상에 널리 퍼져 세상의 입을 뜨겁게 달구어 세상을 녹일 것이다.

38 못하는 바가 없이 위세를 부림

무소불위(無所不爲)

무소불위란 못하는 바가 없이 다 할 수 있는 것을 말한다. 사람이 높은 자리에 앉으면 자기가 하고 싶은 대로 행하여 자기의 뜻을 이루는 것을 말한다.

우리 가정에서 나의 자리도 꽤 높은 자리다. 아들, 며느리, 손자, 손녀를 합하여 무려 15명이나 된다. 이번 구정에도 이들을 모아놓고 구정 덕담을 했다. 말이 덕담이지 할아버지로서의 위세를 펼치는 자리였다.

"너희들 잘 들어봐. 컴퓨터나 스마트폰 게임의 중독에 빠지면, 뇌세포가 파괴되어 바보가 된다는데, 그래도 괜찮은 거야. 지금 이 자리에서 확실히 하자. 게임 시간을 줄이기로 약속을 하면 세뱃돈을 주지만, 그렇지 않으면 세뱃돈은 없다."라고 엄포를 놨다. 그랬더니 모두가 할아버지 뜻에 따르기로 약속이 이루어졌다.

내 지금껏 살았지만 이처럼 내 위세(威勢)를 당당히 세운 적은 없다. 그야말로 무소불위의 권력을 휘두른 것이다. 내 이제 말도 어눌

(語訥)해지기 시작하고, 몸 또한 뜻한 바에 훨씬 못 미친다. 그들과 같이 걷기만 해도 숨길이 가쁘고, 달리기라도 하면 더더욱 못 미쳐 무엇하나 그들을 당해낼 길이 없다. 그런데도 내가 그들을 꼼짝 못하게 하고 내 뜻을 마음대로 펼칠 수 있었으니, 무소불위의 쾌거(快擧)를 이룬 것이다.

그전에도 그들을 모아놓고 구정 덕담을 하려 했더니, "할아버지, 세뱃돈 먼저 주고 하면 안 될까요?"라고 했다. 그들의 뜻은 제사보다는 젯밥이 먼저이고, 할아버지의 고리타분한 덕담에는 관심이 없었다. 세뱃돈 없는 할아버지는 누더기 차림의 허수아비나 다름이 없는 것이 된다.

늙은 할아버지가 역발산(力拔山)의 기개(氣槪)로 위력을 발휘할 수 있었던 것은 전적으로 세뱃돈의 위력이었다. 돈은 무소불위의 힘을 가진 권력자이고, 현대를 살아가는 모든 사람의 우상이 되었다. 돈은 어린 꼬마들을 비롯하여 이 세상 모든 사람의 만능적 가치가 되었다.

할아버지가 지금은 주머니에 세뱃돈이라도 담고 다니니까, 그 돈의 위력으로 겨우 할아버지 행세를 하고 있지만, 돈이 떨어지고 거동이 불편하여 자리에 눕기라도 하면, 지금의 탁월한 위력도 속 빈 강정이 될 것이다.

수없이 많은 영웅 호걸들이 세상을 살다가 갔지만, 그들 모두가 무소불위의 권력을 휘두르며 살다가 갔다. 많은 사람의 목숨을 빼앗고, 만인의 땀과 기름으로 배불리 호사를 누리며 살다가 갔다. 그러나 세상은 변하여 한 사람의 위세로 세상을 주무르는 시대는 지났다. 이제는 모든 사람이 영웅이요, 모든 집단이 영웅이 되었다. 이제는 절대 권력은 절대로 없고, 절대적이고 영원한 것은 없는 세상이 되었다.

무슨 짓을 해도 부끄러움이 아니라는 임금님의 불치(不恥)의 행패(行悖)도 이제는 없고, 남의 집 아녀자를 끌어다가 향락(享樂)을 누려도 불치의 허울로 감싸주던 시대는 끝났다. 잘못하지 않으면 아무도 무섭지 않은 질서의 시대가 왔다. 잘못하지 않으면 경찰봉이 무섭지 않고, 아무와도 당당히 맞서 싸우는 세상이 되었다. 경찰 앞에서 쩔쩔매던 시대는 갔고, 이제는 그들을 믿고 그들을 의지하며 사는 평화의 시대가 왔다.

사람은 오래 사귀어야 그 깊이를 알고, 샘은 그 깊이가 깊어야 아무리 써도 닳지 않고, 나무는 뿌리가 깊어야 가뭄에도 잎이 마르지 않는다. 옳은 것은 세상이 변해도 변치 않고, 옳지 않은 것은 지금은 당당하게 보여도 언젠가는 그 허세(虛勢)가 드러난다. 정치하는 사람들이 백성에게 군림(君臨)하던 시대는 갔고, 정치 잘못하다간 백성으로부터 호된 매를 맞는 세상이 되었다.

무소불위의 위세로 호령하던 시어미의 시대도 종언(終焉)을 고한지 오래다. 고부간의 갈등도 패장(敗將)의 가슴에 단 훈장처럼 퇴영적(退嬰的) 퇴물이 되었다. 시어미에게 당하고 살 며느리가 없고, 며느리를 잘못 건드렸다간 혈루(血淚)를 짜야 하는 세상이 되었다. 세상을 살되 음양(陰陽)의 변화를 알고 살아야 한다. 달도 차면(滿) 기울고, 해도 할 일을 다하면 서녘으로 기운다. 겨울이 길어도 영원히 길지 않고, 위세 당당하던 겨울의 추위도 봄의 서기(瑞氣)에 밀려 물러난다. 세상 모든 것은 들어설 때가 있고 물러설 때가 있다.

아버지의 자리는 힘의 자리가 아니고, 통치자의 자리는 무소불위의 권력의 자리가 아니다. 아버지의 자리는 사랑과 믿음의 자리여야 하고, 통치자의 자리는 신뢰와 소통의 자리여야 한다.

높은 자리에 있을 때 교만하지 말고(在上不驕), 높은 곳에 있을 때 위험하지 않게 하라(高而不危) 하였다.

자리가 높을수록 조심하여 살고, 자리가 높을수록 몸을 굽힐 줄 알아야 한다. 높은 자리는 부귀, 영화, 권세, 명예의 자리여서, 이에 맛을 들이면 빠져나오기가 점점 더 어려워진다. 파리가 꿀단지의 맛을 즐기다가 꿀단지 속에 점점 더 깊이 빠져드는 이치와 다를 바가 없다. 마음 단단히 먹고 그 자리를 지키고, 혹시라도 미혹(迷惑)의 독아(毒牙)에 걸리면, 강하게 자기 최면 요법(催眠療法)을 써서라도 빠져나와야 한다.

그간 나도 꽤 많은 자리를 거치며 살았다. 나에게 그런 자리들은 누리는 자리가 아니고 일하는 자리였다. 높은 자리는 잘못된 돈을 얻는 자리가 아니다. 돈이 좋은 것이기는 해도 만능적인 것은 아니다. 돈으로 값비싼 집을 살 수는 있어도 아름다운 가정은 살 수가 없다. 돈은 귀신을 움직이고(有錢可使鬼) 만사에 통하지 않는 바가 없다(萬事無不通) 하였지만, 돈이 없으면 조금 불편하기는 해도, 돈이 행복의 절대 조건은 아니다. 높은 자리에 있을 때 돈이 내미는 독아에 조심하고, 높이 오를수록 늘 떨어질 것을 염려하며 살아야 한다.

세상의 정(情)은 권력이나 돈 있는 곳으로 모인다 하였다. 하지만 그런 말에 현혹되어서는 안된다. 마음을 늘 바르게 세울 때 뜻은 늘 높은 곳에 두어야 한다.(清心高志)

우리 집 손자들처럼 돈만 보면 사족(四足)을 못 쓰듯, 정치하는 사람들도 권력 앞에서 사족을 못 쓴다. 꽃도 십일홍(十日紅)이 지나면 오던 봉접(蜂蝶)도 아니 오고, 깊은 물도 닳아 얕아지면 오던 고기도 아니 온다. 지금은 무소불위로 위세를 떨치며 살 시대가 아니다. 대오각성(大悟覺醒)하며 살 일이지 무소불위의 미혹에 빠져 살 때는 아니다.

39 서두르다간 뜻을 이루지 못함

욕속 부달(欲速不達)

욕속이란 일을 서둘러 하려는 것을 말하고, 부달이란 이르지 못함을 이르는 말이다. 일을 너무 서둘러 하려고 하면 도리어 이루지 못함을 이르는 말이다.

무슨 일을 하려고 하면 차분한 마음으로 시작해야 한다. 일을 너무 빨리 끝내려는 생각으로 서둘러 하게 되면 될 일도 되지 않는다. 아무리 잘 시작한 일도 너무 서둘러 행하게 되면 좋은 끝을 맺지 못한다.

최고위(最高位)에 오르려는 자는 최저위(最低位)부터 시작해야 하고, 집을 지으려는 자는 기초를 튼튼히 하여 큰 재난에도 끄떡도 하지 않는 튼튼한 집을 지어야 한다.

그래서 예로부터 시작을 잘하고 조심해서 행하라 하였다. 천 리 길을 가려고 하면 첫 걸음부터 잘 시작해야 한다. 먼 길을 가려고 하면 처음부터 너무 많은 힘을 써서는 안된다. 험산을 오르는 자는 힘을 서서히 풀어서 올라가야 하고, 힘이 넘친다 하여 처음부터 힘을 너무 많이 쓰다간 나중에 쓸 힘이 없어진다.

가까운 길을 가려거든 혼자서 가고, 먼 길을 가려거든 여럿이 짝을 지어 가라고 한다. 여럿이 짝을 지어 같이 가면 힘 센 사람도 보조(步調)를 맞추어 가기 때문이다.

처음에 이기면 나중에 진다(Win at first and lose at last.)는 말이 있다. 처음을 잘 시작해야 나중도 잘한다 하여 하는 말이다. 일이 그르쳐진 다음에 일을 바로 잡으려 하면 힘이 더 든다. 잡초도 무성하기 전에 제거해야지 얽힐대로 얽힌 다음에 제거하려 하면 힘이 더 든다. 모든 잘못은 커지기 전에 다스려야 하고, 커진 다음에는 이미 늦은 것을 느낀다.

아무리 잘 시작한 일도 잘못이 나타날 때가 많다. 잘못이 나타나면 기탄없이 고쳐야 한다.(過則勿憚改) 도중에 그만두는 불행을 겪어서는 안되기 때문이다.

지금은 속도의 시대다. 도로에 나가 보면 차들이 광란의 질주를 한다. 빠른 속도로 달리는 데서 무한한 쾌감을 느낀다. 그러다가 자기도 죽고 남도 죽이는 불행을 겪는다. 세상이 어찌나 빠르게 돌아가는지 머리가 어지러울 정도다. 내일은 무슨 일이 일어날지 아무도 예측하기 어렵다. 예측 불허의 세상에서 사니, 마음은 늘 불안하다. 음속보다 빠른 비행기가 나오고, 요격(邀擊)이 불가능한 로켓이 나왔다. 이놈의 세상이 어떻게 되려고 이러는지 알 길이 없다.

옛날엔 한양의 과거 길은 걸어서 가는 길이었다. 죽장(竹杖)을 짚고, 망혜(芒鞋)를 신고, 막걸리를 한 잔 들이켜고, 육자배기를 한 가락 뽑으며 갔다. 가는 길이 지루하고 고됐지만, 그런 낭만은 지금은 찾을 길이 없다. 지금은 꿈에서나 맛보는 옛날 이야기가 되었다.

가까운 친구 집에 가려고 해도 차를 타고 가고, 학교에 가거나 가까운 시장에 가려고 해도 차를 타고 간다. 빠르지 않으면 직성이 풀리지 않는다. 빠르게 빠르게가 현대인의 생활 모토가 되었다. 빨리 시작해서 빨리 끝내려고 하다가 일을 망치고, 망치고 나서 방성 통곡(放聲大哭)을 하며 운다.

도예가는 도자기를 구워내는 사람이다. 도자기를 굽되 빨리 구워내려 하지 않는다. 시간과의 싸움을 벌이며 심혈(心血)의 결정체(結晶體)를 만들어낸다. 쓸만한 것 하나를 얻으려고 혼신(渾身)의 열정을 다 바친다. 구워낸 것 중에 원하는 진수품(眞髓品)이 없으면 다 두드려 깨서 버린다. 참 괴팍하기 그지없는 장인(匠人)들이지만, 진실을 찾으려는 그들의 노력은 계속 이어진다. 그들에겐 명품(名品)만이 의미가 있고 명품이 아닌 것은 아무 의미가 없다. 명품을 찾는 일에 그들의 모든 명운(命運)을 건다.

노인들은 시간을 많이 소모하며 산 사람들이다. 어려운 일에 부딪히면 포기하지 말고 기다리라고 한다. 노인들은 시간의 비밀을 잘 알고 있는 사람들이다. 지금 해결할 수 없는 일은, 하룻밤을 지새우고 다음 날 다시 생각해보라고 한다. 서두르지 말고 한 걸음 뒤로 물러서서 생각해보라고 한다.

나는 어떤 모임에 참가할 때는 시간을 좀 당겨서 간다. 그래야 그 시간이 편안하고 유익한 시간이 된다. 시간은 바뀌지만 쉬지 않고 흐른다. 이 세상에 영원히 흐르는 것은 시간뿐이다. 시간은 일체의 것을 만들고 파괴하며 흐른다. 소멸과 생성을 거듭하며 흐른다. 인간은 시간을 지배하고 세상을 변화시키는 주체다. 급하다고 빨리 끝내려 하지 마라. 서서히 시작하고 서서히 목표에 이르는 여유를 가져야 한다.

책을 만드는 일이 얼마나 어려운 일인지는 만인이 다 아는 일이다.

나는 그렇게 어려운 일을 십여 번이나 거듭 하며 살았다. 참 보람 있고 잘한 일이라는 생각이 든다. 글을 쓸 때 차분히 구상하고 많이 생각해서 써야 한다. 시간에 맞춘다 하여 서둘러 내놓았다간 큰 낭패를 당한다. 잘못하다간 욕속 부달의 치욕을 겪는다.

"아내 없는 처갓집은 가나 마나."라는 말이 있다. 사람이 하는 일엔 목표가 있어야 한다는 말이다. 목표 없이 행하는 일엔 꼭 실패가 따른다. 일을 행하되 계획을 잘 세워서 행하고, 계획한 일은 꼭 실천에 옮겨 좋은 결실을 거둬야 한다. 시간은 잘 이용하는 자의 것이고, 시간을 얻는 자는 세상 일체의 것을 얻는다.

달도 차야 기울고, 해도 그날이 끝나야 저문다. 뱃속의 아이도 달이 차야 나오고, 세상의 모든 생물들도 때가 차야 탄생의 영광을 누린다. 곡식도 오랜 햇볕을 받아 무르익고, 비, 바람에 씻겨야 알곡이 되어 나온다. 오늘 하기 어려우면 내일 해야 하고, 내일 하기 어려우면 그 다음 날에 해야 한다. 일이 급할수록 잠시 일손을 놓으면, 일을 정관(靜觀)하는 여유가 생긴다. 서두른다고 잘 되는 것은 아니고, 잘못하다간 될 일도 그르치는 우(愚)를 범한다.

40 마지막 한 순간까지 최선을 다함

화룡 점정(畵龍點睛)

화룡이란 용을 그리는 것을 말하고, 점정이란 용의 머리에 눈을 그려 넣는 것을 말한다.

잘 그린 그림을 명화(名畵)라고 하고, 그림을 잘 그리는 사람을 또한 명화(名畵)라고도 한다. 이름난 화가가 용의 그림을 그렸지만, 그 그림에 눈이 빠져 있다면, 그 용은 죽은 용이나 다름이 없다. 마지막으로 그 용에게 눈을 그려 넣었더니 그 용이 살아나 하늘로 올라갔다는 고사(故事)가 곧 화룡 점정(畵龍點睛)이라는 고사다.

모든 생명체는 눈을 가지고 있다. 그리고 눈은 얼굴의 진수(眞髓: The eye is the pearl of the face.)라고도 한다. 눈 없는 생명체는 이 세상에 없고, 만일 그런 생명체가 있다면 그보다 더 불행한 생명체는 없을 것이다. 용에게 눈을 그려 넣어 용이 살아 보이게 했다면 용에게 가장 요긴한 일을 한 것이다. 그렇게 해서 그려진 그림은 완전한 그림이 된다. 화룡 점정이라는 말은, 미완성된 부분에 마지막 손질을 해서 그 일을 완성하는 것(a finishing touch)을 말한다.

적당한 거리에서 붓을 던져 딱 한 번의 터치(a touch)로 눈이 그려진다면, 손과 붓의 조화가 이루는 예술적 극치라 할 것이다. 그렇게 그려진 눈에 생기가 돌면 그 용은 아주 잘 그려진 완전한 예술의 생명체가 된다. 마지막 손질을 통해 정물(靜物)로 보이던 용이 생물(生物)로 변해 하늘을 난다면, 마지막 순간까지 놓치지 않고 싸우는 인간 행위의 완성이라 할 것이다.

나는 원래 그림에는 문외한(門外漢)이지만, 그간 들은 풍월(風月)이 있어 그림에 관한 이야기를 하나 하려고 한다.

네덜란드의 화가로 고흐(Gogh)라는 사람이 있었다. 그 당시 이름난 화가인 고갱과 같이 한집에서 살면서 서로 영향을 주고받으며 살았지만 끝내는 화합하지 못하고 헤어졌다. 고흐는 15개월 동안에 200여 점 이상의 그림을 그릴 정도로 많은 그림을 그렸다. 그의 그림은 그가 살았던 당시에는 전혀 인기가 없었던지라, 그의 생활은 처참하기 이를 데 없었다. 그때 그에게 고갱이 다가와 하는 말이, "너의 그림은 색채가 너무 강하고 필치가 너무 격정적이니 그것을 좀 완화해보라"고 권했지만, 그는 듣지 않았다. 생활이 어려우면 드센 고집도 꺾이는 법이지만, 현실과 타협하는 일은 결코 하지 않았다.

불행하게도 그는 정신 이상증에 걸려 발작을 일으켰고, 급기야는 면도날로 자기의 귀를 자르기도 했다. 그래서 그가 그린 그림 중에 자화상으로 '귀가 잘린 사나이'라는 그림이 있다. 발작증은 계속되어 파리 근교에서 사생(寫生) 중에 권총으로 자살을 기도했으나, 미수에 그쳤고 결국은 그 다음 해에 죽고 말았다.

선지자는 그 시대나 그 지역에서는 인기가 없다고 한다. 고흐 역시 그 당시 자기 고장에서는 이름이 없는 화가였지만, 수 세기를 뛰어넘는 지금은 한 점에 수천, 수억 원을 호가(呼價)하는 화가가 되었다. 이제야 그의 그림은 수월성(秀越性)이 인정되어 빛을 보게 되었다. 47세의 젊은 나이에 요절(夭折)의 비운에 간 것은 너무 안타깝고 아쉽다.

사람의 능력은 말년에 나타나 그 광휘가 발광체처럼 빛나는 경우가 많다. 그가 요절하지 않고 말년까지 그림을 그릴 수 있었더라면, 용이 비천(飛天)하는 영광을 누렸을 것이다. 그의 말년이 끊긴 것에 아쉬움과 애석함을 거듭 느낀다.

젊었을 때는 먹고 사는 일에 바빠 좌고 우면(左顧右眄)할 여유가 없다. 일하면서 배우고 배우면서 일하는 참 바쁜 시간이다. 자기도 모르는 사이에 백설(白雪)이 머리에 내리기 시작하고 온몸에 피가 마르기 시작한다. 그래도 그 기간을 힘없다 하지 않고, 그간 쌓아온 것을 풀어서 글을 쓰기도 하고, 미처 이루지 못했던 것을 이루기도 한다.

옛말에 "길을 무서워하면 범을 만난다."는 말이 있다. 일하기가 무섭다 하여 일손을 놓으면 더 무서운 재앙을 만난다. 말년에도 할 일을 찾아 행하면 인생 말년을 빛내는 찬연한 금자탑이 될 것이다. 말년이라 하여 탄식과 무위 도식(無爲徒食)을 일삼으면 그간 이룩한 공적도 무용(無用)한 것이 된다.

그간 숨 가쁘게 달려온 인생을 되돌아보고, 그간 쌓아온 것을 한 데 모아, 마지막 붓을 던져 용의 눈을 그리면 그 용이 하늘을 향해 비상할 것이다.

말년이 되면 몸도 마음도 지쳐 힘을 잃기가 쉽다. 그간에 쌓인 고단함을 다 내려놓고 쉬고자 한다. 산을 오르다 정상(頂上)이 보이면 없는 힘도 나오지만, 인생은 그 끝이 보이기 시작하면 망연 자실(茫然自失)에 빠진다.

그러나 그간 달려온 속도를 좀 줄여서 살 수는 있어도, 취생 몽사(醉生夢死)의 길을 택해서는 안 된다. 마지막 남은 한 점을 잘 찍어서 비천(飛天)하는 용의 기상을 세워 살아야 한다.

레임덕(Lame duck)이라는 말이 있다. 관료들이 임기 말이 되면 농땡이(절름거리는 오리)를 부리는 것을 말한다. 대통령도 5년 임기 중 마지막 1년은 힘이 풀려 새로운 일을 시작하려 하지 않는다. 그냥 지금까지 해오던 일이나 마무리하는 것으로 만족하며 끝을 맺는다.

임기가 끝나는 그날까지 일손을 늦추지 않고, 뜻한 일을 잘 성취하고 내려오면, 이것을 사이 후이(死而後已)라 한다.

어느 날 대통령이 TV에 나와 주어진 임기 중 하루도 소홀히 하지 않고 국정을 마무리하겠다는 다짐을 했다. 그때 사이 후이라는 말을 써가며 이야기했다. 국사(國事)는 하루도 소홀히 할 수 없는 막중한 것이고, 더군다나 국가의 안위(安危)는 촌분의 소홀함도 없어야 한다고 했다. 주어진 임기의 마지막 날까지 일을 다 마치고 짐을 싸겠노라고 했다.

사이 후이라는 말의 뜻은, 죽은 뒤에야 세상 모든 일을 그만둔다는 뜻이다. 목숨이 붙어 있는 한 마지막 순간까지 힘써 일하다가 가는 것을 말한다. 용의 몸뚱이만 그려놓고 눈을 그리지 않으면 그 그림은 생명력이 없는 미완(未完)의 그림이 된다. 이 세상에 와서 마지막 순간까지 여한 없이 최선을 다하고 가는 삶이 되기를 기원하며 이만 줄인다.

제5부

구십춘광(九十春光)

讀書覺日可惜

(독서각일가석)

책을 읽으면 하루가 아깝게 느껴진다

구십 춘광(九十春光)

오늘은 5월 6일, 절기상으로는 입하(立夏)다. 오늘로 여름이 시작되는 날이기는 해도 새벽녘의 한기(寒氣)는 아직도 역연하다.

내 머리에는 겨울 모자가 씌워져 있고, 손에는 겨울 장갑이 끼워져 있다. 겨우내 착용했던 입마개는 어제 아침에야 비로소 벗었지만, 황사가 온다는 바람에 다시 착용해야 했다. 그까짓 황사 때문에 힘들여 내린 결심이 헛것이 됐다. 황사가 끝나면 다시 벗어야 하지만 그러기를 여러 번 계속해야 할 것 같다. 겨울옷을 벗을 때도 그랬고 모자나 장갑을 벗을 때도 그랬다. 썼다 벗었다를 반복하다가 어쩔 수 없을 때 영원히 벗는다.

여름의 시작과 봄의 끝자락은 한 참을 맞물려 이렇게 흐른다. 여름이 시작되었다고는 해도 여름 기(氣)는 거의 느끼기가 어렵다. 계절은 그냥 변하는 것 같아도 봄 속에 여름의 기(氣)가 흐르고, 가을 속에 겨울의 기가 흐르면서 변한다.

밖으로 나오면 사람들의 옷차림은 각양 각색이다. 아직도 칙칙한 겨울옷차림을 한 사람이 있고, 겨우 봄옷 시늉을 내고 있는 사람도 있다. 아직은 눈부실 정도의 화사한 봄옷 차림의 사람은 없다. 봄을 보내고 여름을 맞이하는 사람들의 마음은 거의 같은 것 같다.

지내기로는 방안이 좋은데도 밖에서는 자꾸 나오라고 손짓을 한다. 그 미혹(迷惑)을 이기지 못해 밖으로 나와 보면 방안에서 생각했던 것처럼 안온(安溫)하지는 않다. 봄의 냉기가 여전해서 이놈에게 잘못 걸렸다간 큰 변을 당한다. 여름이라 생각하고 여름 차림을 했다간 큰 봉변을 당한다.

언젠가의 일이다. 절기상으로는 여름이어서 그것만을 믿고 가벼운 춘장(春裝)으로 나갔다가, 초여름의 한기(寒氣)에 걸려 시달렸다. 옷을 앞당겨 입으라고 하지만 그러지 못하고 산다. 늦봄에는 여름옷을 입어야 하고, 늦가을에는 겨울옷을 입어야 한다고 하지만 그러지 못할 때가 많다.

한 계절이 바뀌는 데에 사람들의 마음은 이렇게도 복잡하다. 옷차림에 갈등이 심하고 하는 일 또한 그러하다. 작은 천기의 변화에도 이럴까 저럴까 망설임이 크다. 그래서 T.S. Eliot 같은 시인은 "4월은 잔인한 달"이라고 했다. 아직은 아랫목이 그리운데 밖에서는 자꾸 나오라고 하니 마음에 느끼는 갈등이 크다. 그래서 4월은 잔인하다고 했을 것이다. 그의 시상(詩想)이 얼마나 날카로운지 짐작이 간다.

4월 말이 되니 산야(山野)에 만발하던 벚꽃이 진지 오래다. 화개장터의 길고 긴 벚꽃 터널이 좋다고들 하지만 아직 가보지 못했다. 들리는 소문으로는 매일 인산 인해(人山人海)로 장터가 만장(滿場)이라고 한다. 하는 수 없이 시중(市中)의 벚꽃을 한 번 휙 둘러보는 것으로 만족해야 했다. 좀 아쉽기는 해도 금년은 이미 그렇게 해버렸다. 명년의 기약으로 금년의 아쉬움을 달랠 수 밖에 없다.

꽃은 명년에도 피고 세세 년년(歲歲年年) 변함없이 핀다. 꽃은 아름답게 피어도 얼마 못가서 진다. 영원히 피어 있는 꽃은 없다. 꽃이 아름답게 보이는 것은 영원히 피어 있지 않기 때문일 것이다. 세상의 모든 것 중에 사람들의 사랑을 받는 것은 잠시 있다 가는 것들이다. 아무리 귀한 것도 오래 옆에 있으면 그 귀함이 덜하여 평범하게 보인다.

해마다 피는 꽃은 같은 모습으로 비슷하게 피지만(年年歲歲花相似), 사람의 얼굴은 해가 가면 변하여 같지가 않다.(年年歲歲人不同) 꽃들은 해를 따라 변하지만 그 변화가 미세하여 알 길이 없다. 하지만 사람의 얼굴은 몇 년 사이에도 알아보지 못하게 변한다. 늙은 사람이야 늙는 속도가 커서 잠시만 안 봐도 몰라보게 변한다.

하늘에는 별이 아름답고 지상에서는 꽃이 아름답다. 꽃에 대한 예찬은 예부터 한결 같지만 꽃은 열흘을 붉지 못하고 진다.(花無十日紅) 꽃은 아름다우면서도 덧없이 지고, 한 줄기 바람에도 흩날려 떨어진다. 한동안 진한 향기를 흩뿌렸다 해도 단명(短命)을 이기지 못하고 진다. 세상 모든 것의 오고 감이 꽃처럼 덧 없음에 슬픔이 인다.

어떤 사람은 꽃들이 지는 것을 보며, "아름다우면서도 덧없이 저버리고 바람이 부는대로 흩날리면서 한 줄기 향기를 흩뿌리며 영원히 사라진다."고 했다. 바람에 날려 길가를 뒹굴다가 사람들의 발길에 짓밟혀 무참히도 찢긴다. 꽃뿐만이 아니라 세상 모든 것의 운명이 다 이런 것을 어찌 하겠는가.

새벽 공기는 쌀쌀해도 한참을 걷다 보면 어느새 모자나 장갑은 벗겨져 있다. 대기의 상쾌함에 마음도 상쾌하다. 날씨가 차지면 보폭(步幅)도 넓고 발걸음도 빨라지지만, 지금의 걸음걸이는 이전 같지가 않다. 갈수록 몸은 나른하여지지만 추위에 시달리며 사는 것보다는 낫다.

내 나이도 찰대로 차서 해가 다르게 기력이 소진(消盡)해지지만 이를 어찌 하겠는가. 아무리 그래도 쌀쌀한 대기는 훈풍을 실어오고, 도처에 핀 꽃에서 훈향이 밀려든다.

봄을 완상하고자 옛날 선인들이 읊었던 시를 한 수 읊고 가자.

봄날이 무른하여 뜰위를 거닐으다
한송이 꺾어 머리에 꽂고 나니
지나는 벌과 나비가 기웃기웃 하더라

봄은 꽃의 계절이요 꽃 없는 봄은 봄이 아니다. 봄 오기를 기다림은 꽃을 보려 함이요, 꽃 속에 묻혀 봄을 한껏 즐기고자 함이다. 벌, 나비를 벗삼아 꽃 속에 묻혀 영원히 살고 싶다.

기왕 읊은 김에 한 수 더 읊고 가자.

간 밤에 부던 바람 만정 도화(萬庭桃花) 다 지거다
아이는 비를 들고 쓸오려 하는고야
낙환들 꽃이 아니랴 쓸어 무삼하리오

그처럼 만개(萬開)한 도화가 다 졌지만, 나무에 있던 것이 땅에 떨어졌을 뿐이다. 낙화로 뒤덮이니 뜰은 도화 만정(桃花萬庭)이 되었다. 낙환들 꽃이 아니겠는가, 그냥 두고 봄이 어떠리.

동풍 세우(東風細雨)에 꽃은 떨어져 지천(池川)에 날리고, 춘광(春光)이 흠뻑 창밖에 내리면 도연(陶然)히 취한다. 입하(立夏)는 어제였지만 봄기운은 아직도 산야에 가득하다.

꽃이 피고 지는 일은 꼭 봄에만 있는 일이 아니다. 여름에 피는 꽃은 여름을 택하여 피고, 가을에 피는 꽃은 가을을 택하여 핀다. 바람이 새찬 겨울에도 꽃은 피어 겨울을 빛낸다. 국화는 낙목 한천(落木寒天)의 서리발 속에 피어 벌들을 불러들이고, 동백꽃은 겨울에 피어 한사(寒士)라는 호칭으로 대접을 받는다. 생명의 경이(驚異)와 신비는 봄에만 있는 것이 아니고 사철에 이어진다.

4월의 도심은 온통 꽃이요, 산야 천변에도 온통 꽃이다. 꽃의 바다요 꽃의 천지다. 바람에 나부끼는 여인의 치마폭에는 화향(花香)이 가득하다. 봄은 꽃의 계절이요, 향기의 계절이다. 사람들의 가슴 속에는 노래가 있고, 시(詩)가 흐르고, 봄의 취기에 젖어 어디론가 가고 싶다. 춘양(春陽)의 계절은 생명의 계절이요, 생명이 작열(灼熱)하는 계절이다.

아침마다 산책에 나서지만 가끔은 늦잠에 취한다. 봄잠이 너무 곤하여 잠시의 시간을 꾸물대다 늦기도 한다.(春宵一刻直千金) 상쾌한 공기를 폐부에 들이키고, 발걸음도 가볍게 힘차게 걷는다. 겨우내 듣지 못했던 꿩의 울음소리가 특유의 탄성(彈聲)으로 아침의 대기를 가른다. 일지 춘심(一枝春心)으로 가슴을 채우니, 구십춘광(봄의 90일) 내내 노구(老軀)에 활력을 얻는다.

모든 계절은 왔다 하면 가고, 가면 다시 온다. 가되 그냥 가는 것이 아니요 밀려나기를 싫어하며 간다. 여름이 밀려나기를 싫어하여 가을 속에 꼬리를 남기고, 봄 또한 밀려나기를 싫어하여 겨울 속에 꼬리를 남긴다. 마지막까지 버티다가 꼬리를 빼어 끝내는 물러난다. 구십 춘광이 물러나면 여름의 염제(炎帝)가 찾아와 우리를 괴롭힌다. 모처럼 만에 찾아온 구십 춘광을 마음껏 즐기며 노래하고 춤추며 살자.

41 모난 돌이 정맞는다

촉석 봉정(矗石逢釘)

촉석(矗石)이라는 말은 모난 돌을 말하고, **봉정**(逢釘)이라는 말은 정을 맞는다는 뜻이다. **촉석 봉정**이란 모난 돌이 정을 맞는다는 뜻이니 조심하여 살라 함이다.

잘난 체 하지마라 하였지만 잘난 체 하다가 큰 코를 다친다. 무엇이든 크면 많이 다치듯, 코도 크면 많이 다치고 사람도 크면 작은 사람보다는 많이 다친다.

입을 함부로 놀리다간 말실수를 하고 말실수를 하면 망신을 당한다. 입을 지키되 병마개가 병을 지키듯 하라(守口如甁) 하였지만 말을 잘못하여 망신을 당하는 사람이 많다.

어리석은 자의 입은 자신을 망치게 하고, 그의 입술은 자신을 잡는 올가미가 된다.(A fool's mouth is destruction and his lips are the snare of his soul.)(잠언)

사람이 늙으면 말이 많고 잔소리와 엄살이 많다. 분별력이 약해 옳고 그름을 판단하지 못한다. 집중력이 약해 잘 잊어버리고 그것이 심하면 다른 큰 질환을 얻어 고생한다. 사람이 늙으면 하는 일이 없으니 자랑할 것이 없다. 그래서 옛날에 했던 일 중에서 자랑할만한 것을 골라 몇 차례고 우려먹는다. 듣는 자들이 질색을 하며 손사래를 쳐도 알아차리지 못한다.

사람이 자기 자랑에 열을 올리는 것은 부실한 자기를 보상받고자 함이다. 그러다가 망신을 당해도 오불관언(吾不關焉)이고, 망기(妄氣)의 시작이라고 수근거려도 상관하지 않는다.

나도 요즘 말이 많이 늘었다. 한 번 시작했다 하면 끝 가는 데가 없고, 시시콜콜한 옛날 것을 들추어 올려 자랑을 한다. 처음 말할 때는 그럴 듯 하게 들리지만, 그걸 재탕 삼탕 우려먹으면 진력이 난다. 기억력이 약하다 보니, 전에 들었던 사람인줄도 모르고 신이나서 지껄인다. 하지만 내 말을 들으려 하는 자도 없고 상대해 주는 자도 없다. 아내도 그렇고 집안 식구들도 모두가 다 그렇다. 이것이 곧 말년의 고독이요, 자기 덫에 걸려 허덕이는 외로움이다.

말을 잘못한 줄을 모르니 뉘우칠 리가 없고, 사람들이 이해해주면 되지만 이해해줄 사람이 없다. 이 세상을 떠날 때는 아주 말문이 막혀 떠나지만, 그 전까지는 말을 줄이고 살아야 정(釘)을 맞지 않는다.

옛 말에 구시상인부(口是傷人斧)라는 말이 있다. 입은 사람을 망치는 도끼와 같다 함이니, 말조심하며 살라는 경고음이다. 입에 들어가는 것이 사람을 더럽게 하는 것이 아니요, 입에서 나오는 것이 사람을 더럽게 한다.

머릿속에 든 것이 많으면 그걸 자기 수양(修養)으로 삼아야 하지만, 잘못 내놓았다가 큰 봉변을 당한다. 아는 체 하다가 정을 맞기 쉬우니, 꼭 필요할 때가 아니면 입을 놀리지 말아야 한다. 젊은이들이 내려치는 정(釘)이 더 무섭고 더 가혹하다. 그간 받았던 사랑과 존경도 한순간에 포말처럼 사라진다.

내 자신을 자랑한다고 다른 사람들이 나를 똑똑하다고 하지 않는다. 팔불출의 하나로 짓이겨 버리면 서럽기 그지없다. 모난 돌은 모난 그대로 놔두지 않고 정으로 두들겨 없애버린다.

자랑은 사랑이 아니라고 한다. 자랑하는 것보다 자기를 속화(俗化)시키는 것은 없다. 알려질 것은 언젠가는 알려지는 것이지 자랑한다 해서 알려지는 것은 아니다. 조금 아는 것을 가지고 지자(知者)인 척하면 자기 자만에 빠진다. 들추어 올린다 해서 올라가는 것은 아니다. 잘못 들추어 올렸다가 나락(奈落)으로 떨어지는 불행을 겪는다. 그가 한 일이 죽은 뒤에 알려지면 그 인품의 고상함에 놀랄 것이다.

자찬(自讚)은 결코 칭찬이 아니다.(Self-praise is not praise.) 남이 칭찬해주어 올라가는 것보다 더 큰 영광은 없다. 자랑한다 해서 빛나는 것은 아니고, 아는 것이 많다 하여 꼭 세상을 이기는 것은 아니다. 겸손치 못하면 세상의 모든 지식과 명예도 헛것이 된다. 아는 것이 많으면 필요할 때 보도(寶刀)처럼 꺼내어 쓰면 더욱 빛나는 보도가 된다.

늙은 나이에 술주정보다 더 꼴불견은 없다. 무엇이든 적당하면 선(善)이 되지만 지나치면 악(惡)이 된다. 처음에는 사람이 술을 마시지만, 나중에는 술이 사람을 마신다. 술이 사람을 마시면 하는 말에 날개가 돋치고, 하는 말에 날개가 돋치면 말실수가 생긴다. 그러면 그간 쌓은 그의 공덕에 큰 손상을 입는다.

술은 처음에는 소우(消憂)하기에 좋다 하여 마시지만(銷憂者 莫若酒), 분별없이 마시다간 몸의 각 부위에 마비가 인다. 그러다가 발광증에 걸리고, 옆에 누가 있어도 보이지 않는 방약무인(傍若無人)의 처지에 이른다. 술과 마약은 악마의 피라 하였으니, 잘못 마셨다간 좌충우돌(左衝右突)로 자기와 이웃을 파괴시킨다.

돈이 많다 하여 유세(有勢)하다간 정을 맞고, 권세가 높다하여 유세하다간 정을 맞는다. 말 잘한다고 뻐기다가 정을 맞고, 비싼 옷을 입었다고 자랑하다가 정을 맞는다. 명품 가방을 자랑하다 정을 맞고, 명품 시계를 자랑하다가 정을 맞는다. 좋은 것 들었다고 사람까지 높아져 귀한 분이 되는 것은 아니다.

좋은 집에 산다 하여 영생 불사(永生不死)하는 것은 아니고, 좋은 차 타고 다닌다 하여 영생 극락(永生極樂)에 이르는 것은 아니다.

평범한 것을 사랑하고 소박한 것을 소중이 여기는 데서 기쁨과 행복을 찾아야 한다. 온 가족이 하나가 되어 살고, 이웃간에 인사 잘하고, 사이좋게 지내는 데서 이웃 사랑을 느껴야 한다.

분수와 체면을 지키고, 특히 언행에 유의하여 살면 정맞을 일도 없을 것이다. 이 세상에 마음 편한 것보다 더 좋은 도리가 없으니, 마음 편히 사는 것을 말년의 지복(至福)으로 삼으라. 마음이 편해야 꽃도 보이고 밤 하늘에 별도 보인다. 주어진 일에 열심히 행하고, 정도(正道) 정행(正行)을 삶의 본(本)으로 삼아 살면, 누구에게 꿀릴 일도 없고 만사가 형통하여 좋을 것이다.

나쁜 정치를 하여 백성을 굶주리게 하는 자는 더 큰 악으로 정을 맞을 것이다. 선인 선보(善因善報) 악인 악보(惡因惡報)는 꼭 이루어지는 세상의 지배 원리인 것을 명심해야 한다.

42 대칭적 균형(對稱的 均衡)

인간시대(人間時代)라는 계간지(季刊誌)가 있다. 이 잡지가 발간될 때마다 내 글을 꼭 두 편씩 싣는다. 한 편의 글에서는 나를 ○○대학교 명예교수라 소개하고, 다른 한 편의 글에서는 문학박사라 소개한다.

그 잡지사의 사장님이 내 글을 워낙 좋아하다 보니 나를 격찬하여 그렇게 하시는 것 같다. 내가 자청한 일이라면 부끄러울 일이지만, 그렇지 않는 일이어서 좋든 싫든 받아들이고 있다. 나는 분명 문학 박사가 아니다.

젊었을 때 마음을 두었더라면 할 수도 있었을 일이지만, 덤벙덤벙 세상을 살다 보니 어느새 세월은 흘러 하지 못하고 말았다. 능력이 있는 분들은 어려운 가운데서도 잘 성취하며 살지만, 나야 그렇지 못하니 조금은 부끄러운 생각이 든다. 모든 일에는 때가 있는 법이어서 때를 놓치면 할 수 있는 일도 못하고 만다.

나 대신 아들놈 중에 박사 학위를 딴 놈이 있고, 나머지 두 놈도 잘 배워서 국내 굴지의 회사에서 밥을 벌어먹고 사니, 그런대로 잘하고 있다는 생각이 든다.

'인간시대'라는 잡지의 안 영동(安永東) 사장님은 나와 유전자가 같으신 모양이다. 국내의 이름 있는 분들의 틈새에 나를 끼워넣어 그 잡지의 학술 및 편집 고문이 되게 했다. 김 동길(金東吉), 안 병욱(安秉煜), 김 형석(金亨錫), 유 안진(柳岸津), 안 동숙(安東淑), 차 종환(車鐘煥)씨와 같은 국내의 기라성 같은 분들과 같이 학술 및 편집 고문의 자리를 맡게 하고 있으니, 큰 명예감을 느낀다. 한반도 남단의 비지(鄙地)인 여수에서 마치 짱뚱어가 물위로 뛰어올라 하늘을 비상(飛翔)하는 것 같은 우쭐한 기분이 들기도 한다.

그런데 내가 그분하고 인연을 맺은 것은 글을 통해서였다. 어느날 밤이었다. 성명 부지(姓名不知)의 그분으로부터 나에게 전화가 걸려왔다. 다른 책에 실려 있는 내 글을 좀 빌려달라는 것이었다. '인간시대'라는 잡지에 그 글을 옮겨 싣고 싶다고 했다. 서슴지 않고 그러라고 해서 그분의 잡지에 내 글이 실리게 되었다. 그분과의 인연은 이렇게 시작되어 지금까지 이어오고 있다.

이 잡지는 인간 정도(人間正道), 인생 행복(人生幸福), 인류 평화(人類平和)를 사시(社是)로 내걸고 수십 년을 버티어 온 것이 정부로부터 그 공이 인정되어 표창을 받기도 했다.

× ×

내가 젊었을 때 기와집에 산 적이 있다. 그런데 제비 한 쌍이 날아들어 처마 밑에 집을 짓기 시작했다. 부지런히 들락거리며 집을 짓는 모습이 한낱 미물이 하는 짓 치고는 너무 신기해서 때로는 정신을 잃고 쳐다보기도 했다.

그 집이 좌우 균형을 잘 맞추어 지어지면 이런 균형을 대칭적 균형

(Symmetrical Balance)이라고 한다. 그런데 그 집이 어찌나 잘 지어졌던지, 제비는 건축의 대가요, 예술의 대가라고 극찬(極讚)해서 내 글에서 쓴 적이 있다.

그 후부터 계속 대칭적 균형이라는 말에 관심을 갖게 되었다. 좌우 양쪽으로 균형을 잘 유지하면 이를 대칭적 균형이라 하고, 그러지 못하면 비대칭적 균형(Asymmetrical Balance)이라고 한다.

유심히 보면 이 세상에 대칭적 균형을 유지하고 있는 것이 많다. 나뭇잎이나 꽃잎 중에 대칭적 균형을 유지하지 않는 것은 없고, 사람의 얼굴 또한 한 가운데에 선을 그으면 좌우 양쪽으로 대칭적 균형을 이룬다. 이 세상의 거의 모든 사물이 그러하고, 사람의 몸 또한 좌우로 대칭적 균형을 이루어 만들어졌다.

며칠 전의 지상 보도에, 북한 군인의 수는 117만 명이고, 남한 군인의 수는 68만 명이라고 했다. 북한 잠수함의 수는 80여 척에 이르지만, 우리 남한의 것은 10여 척에 이른다고 했다. 아무리 생각해봐도 대칭적 균형이 이루어지지 않아, 만일 무슨 일이 일어난다면 큰 일이 일어날 것만 같은 생각이 든다. 그러나 아무 탈 없이 양쪽의 군사력이 균형을 유지하고 있는 것은, 우리의 동맹국의 힘이 우리를 받쳐주고 있기 때문이다.

남과 북이 군사 분계선(軍事分界線)을 중심으로 힘의 균형을 유지하고 있는 것을 세력 균형(Balance of Power)이라고 한다. 밀고 내려오려고 하는 힘을 대륙 세력(大陸勢力)이라 하고, 남에서 받쳐주어 내려오지 못하도록 하는 힘을 태평양세력이라고 한다.

우리 몸도 영양분을 균형있게 섭취할 때 건강은 유지되고, 그렇지 못할 때 몸의 균형은 깨져서 건강은 점점 나빠진다. 탄수화물, 단백질,

지방과 같은 3대 영양소를 골고루 섭취할 때 우리 몸의 건강은 유지되고, 이들 중 어느 하나라도 부실하게 섭취하면 우리 몸의 균형은 깨져서 건강에 이상이 생긴다.

우리가 사는 세상은 물량적으로 풍부만 하면 될 것 같아도 결코 그렇지 않다. 정신적인 안정이 없으면 몸의 균형은 깨져서 우울증이나 기타 다른 정신 질환을 앓게 된다. 물질과 정신의 양축이 균형을 유지할 때, 우리의 몸은 어떤 외부 충격도 잘 이겨내는 강하고 튼튼한 몸이 된다.

사람이 잘만 먹고 살면 될 것 같아도 결코 그렇지가 않다. 마음의 안정(安定)을 잃으면 아무리 튼튼한 몸도 쉬 무너진다. 사람이 정신적인 가치를 추구하지 못하고 물질적인 가치만을 추구하며 살면, 사람으로서의 높은 품위를 잃고 저속한 삶을 면치 못하며 살 것이다.

정신적인 가치의 결여가 가정을 파탄으로 이끌고, 그런 가정의 자녀들이 사회의 이단아(異端兒)가 되어 세상을 어지럽게 한다. 가정이 얼마나 위대한 곳이고 가족 상호 간의 조화와 균형이 얼마나 중요한 것인가를 알 수 있다.

나랏일도 견제와 균형이 합리적으로 이루어지면, 나라는 건전하게 발전한다. 다스리는 자의 행포(行暴)와 전제(專制)가 심할 때 나라는 독선(獨善)과 오만(傲慢)의 소용돌이에 휘말린다.

조물주가 인간을 남자와 여자로 만든 것은 서로 짝지어 살게 하고자 함이다. 그들이 짝지어 가정을 이루고, 그들 사이에서 자녀들이 태어나 가정의 구성원이 된다. 그들이 모두 개성(個性)은 다르지만 화합과 균형을 유지하며 사는 것은, 일체감(一体感) 속에서 살려는 노력 때문이다. 상하(上下)가 서로 합심하여 가정을 화목하고 질서 있는 가정으로 만들고자 하는 균형 감각이, 그 가정을 살기 좋은 행복한 곳으로 만든다.

'탈무드'라는 책이 있다. 이 책은 이스라엘 백성의 생활 경전이나 다름없는 책이다. 이 책에서는, 한 가정에는 노인이 꼭 필요하다고 했다. 노인이 없는 집은 노인을 빌려서라도 모셔야 하고, 노인을 모시고 사는 것이 가장 큰 축복이요 행복이라고 했고, 노인을 경시(輕視)하는 집안치고 잘 되는 집안은 없다고 했다. 장유 유서(長幼有序)의 윤리가 잘 유지될 때 그 가장은 가장 살기 좋은 행복의 요람지(搖籃地)가 된다.

남편과 아내가 서로 믿고 이해하고 의지함이 크고, 화목과 균형을 잘 유지하면서, 그들이 정한 목표를 달성하고자 노력할 때, 그런 가정은 오래 번영을 누리며 사는 가정이 된다.

부부의 의가 좋은 것을 금슬 상화(琴瑟相和)라고 한다. 금(琴)이라는 악기는 거문고이고, 슬(瑟)이라는 악기는 비파라는 악기다. 이 두 악기는 현(絃)의 수도 다르고, 음색(音色)과 음량(音量)도 서로 다르지만, 둘이 합하여 소리를 내면 듣기에 아름다운 화음이 나온다. 그래서 그와 같은 부부를 금슬이 좋은 부부라고 한다.

부부는 한 몸이지만 호주머니가 다르면 부부관계는 쉬 결딴난다. 양처(良妻)를 갖는 자는 장수(長壽)한다 함도 그래서 하는 말이다. 부부는 살면서 닮아가기 때문에, 남편을 알고자 하면 아내를 알라고 했다. 양자가 서로 개성이 다르지만 화합을 이루어 살면 보기에 아름다운 좋은 부부가 된다. 한쪽이 부족한 것을 다른 한쪽이 조금씩만 채워가며 살면, 둘은 조화와 균형을 이루며 사는 좋은 부부가 된다.

남편과 아내는 외모가 서로 달라 대칭적 균형은 이루지 못한다 하더라도, 그들의 마음과 마음이 서로 합쳐 조화를 이루어 살면, 그게 곧 양자가 이루는 대칭적 균형이 된다.

제비가 만드는 대칭적 균형의 집도 중요하지만, 그 집 속에서 화합을 이루어 살아가는 제비 가족의 모습은 참 아름다운 대칭적 균형이 된다.

마음 속에 새워진 두 부부의 서로 다른 지주(支柱)가 서서히 변하여 대칭적 균형의 지주로 변할 때, 두 사람은 서로 사랑하고 의지하며 사는 좋은 부부가 된다.

인체(人体)는 언어에 반응한다고 한다. 우리가 하는 말이 어떤 말이냐에 따라 상대방은 우리와 같이 된다. 좋은 말을 하면 좋게 되고 나쁜 말을 하면 나쁘게 된다.

우리는 서로 틀린 것이 아니라 다를 뿐이다. 저 사람은 틀린 사람이라고 처음부터 소통의 벽을 쌓아 올려서는 안된다. 소통을 통해 서로 다른 것을 같게 할 때, 우리 마음 속에 세워져 있는 서로 다른 지주는 종래에는 서로가 같은 높이의 대칭적 균형이 된다.

전쟁을 준비한 자만이 평화를 지킬 수 있다. 전쟁과 평화는 상반된 개념이지만 대칭적 균형이 잘 유지될 때 평화는 침해받지 않고 오래 유지된다.

돈만 버는 것으로 끝나서는 안된다. 돈을 벌면서 인생도 배워 바르게 쓰는 법을 배워야 한다. 돈을 벌되 바르게 쓸 줄을 모르면 힘들여 번 그간의 노력이 무위(無爲)한 것이 된다. 유전(有錢)이면 가사귀(可使鬼)라는 말이 있다. 돈이 있으면 귀신도 움직인다는 말은, 돈은 만능적 힘을 가지고 있다는 말이다. 이런 돈을 잘 쓰면 우리 생활을 풍요롭고 편리하게 하지만, 잘못 쓰면 종래에는 우리를 불행하게 만든다. 그리하여 돈은 번뇌와 비애의 근원이 되고 모든 악의 근원이 된다.(Money is the root of evil.) 돈에 관한 한 균형 감각을 가지고 잘 벌어서 잘 쓸 때 물물 교환의 좋은 수단이 된다.

세상 만사에 대칭적 균형을 유지하며 살면 나도 좋아지고 세상도 좋아지는 것을 알 수 있을 것이다.

43 소망(所望)

가면 날로 멀어진다는 말이 있다.(去者日益疏) 인간 관계는 그렇게 이루어진다 하여 하는 말이다. 사람의 관계는 서로 만나서 이루어지지만 거리가 멀어지면 만나기조차 어려워진다. 다른 소통의 방법이 있지만 만나지 않으면 그 관계가 날로 소원(疏遠)해져서 종래에는 아주 멀어지게 된다.

1년여의 세월을 손자와 같이 산적이 있다. 그의 아빠가 직장이 없어서였다. 그의 아빠가 직장을 얻게 되자 아빠를 따라 올라갔다. 처음에는 할아버지가 보고 싶다고 자주 전화가 오더니만, 요즘에는 1년이 지나도 종무소식이다. 하는 수 없이 내가 전화를 걸어 그간의 소원했던 관계를 잇는다.

바쁘기 그지없는 세상에 그놈도 살기가 힘들 것이다. 학교에 가서 공부하고, 집에 돌아와 숙제하고, 학원에 가서 피아노, 영어 공부 등등 할아버지를 생각할 틈이 없다. 그렇다 해서 나마저 소홀히 하면 그놈과의 관계는 영원한 단절의 관계가 될 것이다.

그간 나는 늙었지만 그놈은 많이 자라 의젓해졌다. 둘이는 서로 다르게 변했지만 변함없는 우정과 사랑으로 사는 것이 나의 소망하는 바다.

멀리 떨어지면 더 가까이 따르는 것이 가족간의 관계다.(去者日益近) 자식이 전쟁터로 끌려가 사경(死境)을 헤매면 부모의 마음은 더 가까이 따르고, 사소한 일기의 변화에도 전전 긍긍(戰戰兢兢)하며 잠을 이루지 못한다. 가족 중에 잘못되는 놈이 있어서는 절대로 안되고 모두가 안전하기를 바라며 산다. 그것이 곧 부모의 마음이요 부모가 사는 가장 큰 소망 중의 하나다.

질투는 사람을 살게 하지만 자식은 사람을 더욱 살고 싶게 한다는 말이 있다. 질투의 염이 불타고 있는 동안에는 사람은 결코 죽지 않는다. 질투의 염이 사라진 다음에는 그간에 쌓인 긴장이 풀려 죽을 수도 있다. 자식은 나로 하여금 더욱 살고 싶어지게 한다. 자식은 나의 존재의 이유가 될 만큼 소중하기 그지없는 존재다. 그래서 부모는 자식을 위해 만난을 무릅쓰고 때에 따라서는 생명을 바치기도 한다.

부모에게 가장 큰 소망이 있다면 자식이 잘 되기를 바라는 소망이다. 자식이 잘 되기를 바라며 손발이 부르트고 허리가 굽는 어려움을 감내(甘耐)한다. 자식이 잘 되는 일이라면 일의 귀천을 막론하고 그 일에 생명을 건다. 자식들을 위해서는 일신의 평안을 돌보지 않고 노심 초사(勞心焦思) 그 일에 전념한다. 자식들이 잘 되는 일에서 큰 기쁨과 행복을 느낀다. 부모 노릇하는 일만큼 어려운 일도 없지만 그 일에서 기쁨과 보람을 느끼며 산다. 자식에 대한 기대와 소망 때문에 한결같은 열정으로 단심(丹心)을 불태워 부모된 도리를 다 한다.

인간 관계는 가까운 사람들 간의 관계다. 이 세상에서 가장 가까운 사람은 아내요 자식들이다. 인생 말년은 축복이 아니요 고통이다. 이 어려운 말년을 잘 지내려고 하면 아내에게 잘하고, 자식들에게 잘해야 한다. 아내와 자식들에게 잘하여 친함을 유지하면 말년의 고통이나 고독도 이겨낼 수 있을 것이다. 그래서 모든 사람이 한결같이 아내와 자식들에게 잘하며 살고 싶은 소망을 갖는다.

이 세상 모든 사람은 다 소망을 가지고 산다. 소망이 없는 자는 죽은 자와도 같아서 미래에 대한 꿈도 희망도 없다. 그들에게 본(本)을 잘못 세우면 그들도 나를 본받아 잘못 행하게 된다. 부모가 싸우는 것을 보면 싸움은 으레 하는 것으로 알고 싸움이 일상화(日常化) 된다. 자식들이 잘 되기를 바라면 늘 그들의 본이 되어 살기를 힘써야 한다.

효도하고 순한 사람은 효도하고 순한 아들을 낳고(孝順 環生孝順子) 마음이 악하여 반역하는 자는 악하고 반역하는 아들을 낳는다.(忤逆 環生忤逆子) 자식들이 바르게 살기를 원하면 부모인 내가 먼저 바르게 살기를 힘써야 한다. 소망을 갖되 바른 소망을 가지고 살아야 그들이 바르게 따라 행한다.

마음에 소망을 가지고 살면 늘 마음이 밝아서 칠흑처럼 어두운 밤도 밝게 걸을 수 있고, 마음에 소망하는 바가 없으면 아무리 밝은 대낮도 어두워서 걸을 수가 없다.

환자가 자기 병에 대한 소생의 소망이 없으면 아무리 좋은 약도 소용이 없고, 아무리 좋은 의사도 소용이 없다. 학생이 미래에 대한 꿈이나 소망이 없으면 공부도 잘 안되고, 기업가가 기업을 키우고자 하는 소망이 없으면 기업은 잘 되지 않는다.

어느 사람이 대통령에게 당신의 소망이 무엇이냐고 물었더니 정치를 잘하는 것이라고 했다. 그러면 정치란 무엇이냐고 물었더니, 국민 개개인의 행복 지수를 높이는 것이라고 했다. 지도자의 덕목 중에 가장 큰 덕목은 미래에 대한 비전이라고 한다. 미래를 내다보는 안목(眼目)이 없으면 지도자는 앞 못 보는 맹자(盲者)와도 같아서 한치의 앞도 내다 볼 수가 없다. 대통령과 같은 높은 자리에 있는 분은 소망하는 바가 크고, 미래에 대한 비전이 커야 대통령으로서의 국정(國政)을 소망하는 대로 잘 이끌어 갈 수 있다.

땅 속의 작은 씨앗이 땅 속을 뚫고 올라옴도 살고자 하는 생명의 염원 때문이요, 나목(裸木)이 추운 겨울을 인내하며 나는 것도 다음 봄에 생명을 틔워내고자 함이다. 소망은 사람에게만 있는 것이 아니다. 아주 미천한 미물(微物)에게도 있는 것이어서, 그 신비의 괴력(怪力)이 우리를 감탄케 한다. 소망은 살고자 하는 힘이요 의지다. 국화가 가을의 서릿발 속에서 꽃잎을 내미는 것도, 세상에 나와 살다 가려는 생명력 때문이다.

가물가물 죽어가는 환자가 한 줄기 소망의 빛으로 버티고, 먹을 것이 없어 하루를 잇기 어려운 사람이 버티며 사는 것도 절망하지 않고 살기 때문이다. 세상을 살되 힘이 넘쳐서 사는 것은 아니다. 힘은 없지만 힘을 내어 살고, 가다가 길이 막히면 우회(迂廻)하여서라도 간다. 검소하게 산다하여 거지처럼 살라는 것은 아니고(儉而不陋) 늘 힘을 축적하여 조금씩 풀어서 산다. 꼭 화려한 옷으로 몸을 감쌀 것이 아니요 그냥 입을만한 옷이면 그것이 곧 아름다운 옷이다.(華而不侈)

희망을 가지면 만사가 용이하고, 절망을 가지면 만사가 어려워진다. 인간의 최대의 행복은 희망을 가지고 사는 것이요, 희망을 가지면 삶의 에너지와 열정이 넘친다. 희망을 가지면 어려운 일이 쉬워지고 절망을 가지면 쉬운 일도 어려워진다.

희망을 가진 자의 언행은 자신이 있고 힘이 넘쳐 보무 당당(步武堂

堂)하다. 힘이 넘친다 하여 함부로 쓰지 않고 힘이 부친다 하여 자신을 탄(嘆)해서는 안된다.

× ×

인생은 소망을 찾아가는 여정(旅程)이다. 이승의 여정이 끝나면 내세로 이어지는 여정이 있다고 한다. 내세에 대한 소망은 이승을 초월한 소망이요 죽은 뒤의 소망이다. 죽은 뒤의 소망은 영원 속에서 추구되는 소망이요 자기가 그렇게 믿으면 그 믿음으로 성취되는 소망이다.

수많은 사람들이 이 길에 들어섰다가 발을 빼고, 그러기를 반복하다가 극복하지 못하고 돌아선다. 나도 인생 말년에 이른지라 이승의 여정이 거의 끝나간다. 하늘의 귀를 뚫어보려 하지만 잘 뚫리지 않는다. 조금씩 뚫다 보면 언젠가는 뚫릴 날이 올 것이라 믿고 뚫고 있다. 뚫리는 순간은 하룻밤 사이에 올 수도 있고, 아니면 눈을 감는 순간에 올 수도 있다. 포기는 영원한 단절이어서 포기만은 절대 하지 말라고 극구(極口) 목소리가 높다.

이 세상을 살면서 부귀, 영화, 권세, 명예를 좇으며 살았지만 죽을 때는 허망함을 느낀다. 한 때는 세상을 움직이는 힘이 되어 살았지만, 죽음으로 모든 것이 끝나니 인생이 초로(初露)처럼 사라지는 것에 허무함을 느낀다.

지금은 내세의 소망 이야기가 황당 무계(荒唐無稽)한 이야기로 들리지만, 이를 믿는 사람이 되면 이 세상에서 가장 행복한 사람이고, 죽을 때에도 행복하게 죽을 수 있을 것이다.

어쭙잖은 지식으로 영생 이야기를 해서 부질없는 이야기로 들릴지 모르지만, 공부 좀 더 해서 소망을 찾아가는 여정에 서기(瑞氣)가 넘치기를 빈다.

명색(名色)이 영생의 소망을 찾는 일인데 그 일이 결코 홀약(忽弱)한 일은 아니다. 인생의 모든 것을 다 받쳐도 찾을 둥 말 둥 한 일을 말 한마디나 글귀 몇 줄에서 찾을 생각을 해서는 안된다. 힘들여 행한 자만이 소득도 큰 것을 거둘 수 있을 것이다.

하늘의 거소(居所)가 있다고 교회의 지붕이 날아갈 듯 떠들썩한데 한 번쯤 믿고 덤벼들어 봄직도 하다. 밑진다 해도 본전은 남을 터이고, 손해 본다 해도 폐가 망신당하는 일도 없을 것이다. 되레 잘 되어 나타날 것인즉 두고 보면 알 일이라 믿는다. 소망이 크면 못 이룰 일도 이룬다 하였은즉 꼭 그렇게 되기를 소망하며 이 글을 접는다.

이것으로 이 책의 대장정(大長征)을 마친다. 이 책을 끝까지 다 읽으신 독자 여러분에게 깊은 감사를 드린다. 아울러 독파(讀破)의 영광을 누리시기를 기원한다.

남의 의견에 반대하거나 논박하기 위해서 책을 읽어서는 안되고, 이야기나 논의의 밑천을 얻기 위해서 독서를 해서도 안된다. 세상을 바르게 사는 지혜와 재량(裁量)을 얻기 위해 독서해야 한다.

천재의 기억보다 바보의 기록이 낫다고 하였다. 나의 이 바보스런 기록에서 기쁨과 행복을 누렸으면 큰 기쁨이겠다. 애독자 여러분의 건승을 빈다.

■ 저자소개

정영배(丁永培)

여수시 미평동 선경 아파트 308동 901호
Tel. 061-653-8410

약력

전남대학교 영어영문학과 졸
동대학원 졸
전 여수대학교 영어영문학과 교수
미국 브리감영대학교 연구교수
전 한국 영어영문학회 회원
여수대학교 교무처장 역임
人間時代 학술 및 편집고문
文藝思潮 수필부문 신인상 수상
文藝思潮 문인협회 회원
한국문인협회 회원

번역물

놋활 (The Bronze Bow)
붉은 조랑말 (The Red Pony)

수필집

晩秋閑想
아침이 오는 소리
인생 연가(人生戀歌)
회오(悔悟)의 향기
사랑의 현자(賢者)들
삶 속에 흐르는 행복의 메아리
바르게 산 자들이 누리는 幸福
향기 그윽한 인생 모년(暮年)

향기 그윽한 인생 모년

인쇄 | 2013년 11월 11일
발행 | 2013년 11월 15일

저자 | 정영배
발행인 | 지병문
발행처 | 전남대학교출판부

등록 | 1981. 5. 21. 제53호
주소 | 500-757 광주광역시 북구 용봉로 77
전화 | (062) 530-0571~2, **마케팅부** 530-0573
팩스 | (062) 530-0579
홈페이지 | http://www.cnup.co.kr

값 10,000원

ISBN 978-89-6849-062-0 (03810)

이 도서의 국립중앙도서관 출판시도서목록(CIP)은
서지정보유통지원시스템 홈페이지(http://seoji.nl.go.kr)와
국가자료공동목록시스템(http://www.nl.go.kr/kolisnet)에서
이용하실 수 있습니다. (CIP제어번호 : CIP2013023773)